Cómo encontrar a tu príncipe azul y no morir en el intento

Colección: Ideas brillantes
www.52ideasbrillantes.com

Título original: *Master Dating*
Autora: Lisa Helmanis
Traducción: Alejandra Suárez Sánchez de León para Grupo ROS

Edición original en lengua inglesa:
   © The Infinite Ideas Company Limited, 2005
Edición española:
   © 2008 Ediciones Nowtilus, S.L.
   Doña Juana I de Castilla 44, 3º C, 28027 - Madrid

Editor: Santos Rodríguez
Responsable editorial: Teresa Escarpenter

Coordinación editorial: Alejandra Suárez Sánchez de León (Grupo ROS)
Realización de cubiertas: Murray
Realización de interiores: Grupo ROS

ISBN13: 978-84-9763-526-4
Depósito legal: M-24318-2008
Fecha de edición: Junio 2008

Impreso en España
Imprime: Estugraf impresores S.L.

Cómo encontrar a tu príncipe azul y no morir en el intento

Ideas prácticas para ligar hasta

encontrar el hombre ideal

Lisa Helmanis

nowtilus

Índice

Notas brillantes xiii

Introducción xv

1. ¿En qué punto te encuentras? 1

Lo primero que debes hacer antes de salir en busca de un romance es echarte un vistazo a ti misma. No es una sugerencia, lo mínimo que puedes pedir es saber si tenéis algo en común...

2. ¿En qué punto crees que se encuentran los demás? 5

Tan pronto como las niñas crecen lo suficiente como para entender el lenguaje hablado, les cuentan preciosas historias de guapos caballeros andantes y de príncipes encantados, animándolas a creer que Don Perfecto hará su aparición en cuanto se hagan mayores.

3. ¿Cómo vas a encontrar a alguien apropiado en este lugar? 9

Estás lista para salir ahí fuera y comenzar a mezclarte con la gente, pero ¿qué significa exactamente «ahí fuera»?

4. Aprende de los maestros 13

Todo el mundo conoce a alguna persona que liga de forma increíble, cuya agenda social parece necesitar secciones extras de lo abarrotada que está y a la que parecen adorar todos los hombres, desde los niños hasta los abuelos.

5. Amor electrónico 17

Ocupa una gran parte de nuestras vidas y ha venido para quedarse. Internet ha revolucionado totalmente las relaciones humanas.

6. Demasiada información 21

Chicas: nos encanta hablar. La charla funciona como el pegamento de nuestra vida social y consigue que la gente se sienta unida.

7. La mecánica del amor 25

Las mujeres somos estupendas en eso de ser comprensivas y amorosas. Podemos pasar horas y horas charlando sobre las minucias de nuestras relaciones, nuestros traumas laborales o nuestro vestuario.

8. Afronta los hechos 29

Cuando se trata del amor, todas somos maestras en el arte de la decepción, tanto con nosotras mismas como con los demás.

9. Si te encuentras a ese hombre, ¡corre! 35

Hay algunos hombres que no tienen remedio. Si te encuentras con uno de ellos y te ves atrapada por su encantadora sonrisa, prueba a imaginar que estáis los dos en un barco salvavidas y sólo hay espacio para uno de vosotros: eres tú o él.

10. Hacerlo rápido 39

El mundo moderno se mueve a gran velocidad y el ejemplo perfecto de esto es el fenómeno de las citas rápidas.

11. ¿Está interesado en mí? 43

¡Bien! Has encontrado a alguien que te gusta. Ahora sólo queda saber si a él le gustas tú también.

12. Tener suerte y buscar la suerte 47

¿Tienes amigos que parecen deslizarse suavemente por la vida, gente de la que todo el mundo dice que ha «nacido con suerte», mientras que a ti nada parece salirte bien?

13. Mantén abierta la caja de los novios 51

Una gran parte del mundo de las citas se basa en estar disponible. Sí, ya sé que suena obvio...

Ideas brillantes

14. Dale al pasado el lugar que le corresponde 55
¿No sería fantástico si cuando terminaras una relación pudieras simplemente borrarla de tu cabeza?

15. Reconoce las señales de aviso 59
A veces cuando vuelves al escenario de las citas después de una temporada ausente es difícil saber qué está bien y qué está definitivamente mal.

16. Citas a ciegas 63
Las citas a ciegas constituyen una estupenda manera de volver a la rueda de las citas o de animarte un poco si tu lado romántico está un poco adormecido.

17. Vestida para el éxito 69
La ropa comunica muchas cosas, es un hecho. Aunque nos consideremos del tipo de personas que siempre mira más allá de la fachada, una de las primeras cosas en las que nos fijamos es en el envoltorio.

18. Recíclate 73
Ya conoces el dicho: lo que es veneno para un hombre... Quizás encuentres un poco desagradable la idea de salir con alguien que es un ex de alguien a quien conoces...

19. Volver a las citas después de un divorcio 77
Hay una canción que dice: «Nadie dijo que sería fácil, pero tampoco dijo nadie que sería tan duro», y es perfecta para este capítulo.

20. Los niños también vienen 81
¿Seguro que debería comenzar a tener citas? Bueno, todo el mundo necesita amor, apoyo y atención...

21. Por qué los hombres adoran a las zorritas 85
Todas las conocemos. Son parte de nuestra vida diaria y lo serán siempre.

22. Mensaje en una botella 89
El alcohol, ese gran liberador de almas, tranquilizador de los nervios y amigo en los buenos tiempos. Si sólo fuera eso...

23. Citas seguras 93

Tener citas es genial. Es divertido, liberador y te hace sentir maravillosamente viva y atractiva. Pero, como con cualquier otra cosa, debes tomar ciertas precauciones.

24. La gran helada 97

Algunas veces las cosas sencillamente no funcionan. Puede que te vaya genial durante tres meses y pienses que todo va sobre ruedas...

25. Lo que quieren los hombres 101

De acuerdo, de acuerdo, vamos a dejarlo claro, señoras. Por supuesto, todos los hombres quieren «eso», pero también hay otras cualidades que buscan.

26. Cuándo acometer la hazaña 107

El sexo es fantástico, una parte esencial de la vida de mucha gente y algo que está inexorablemente unido a las citas.

27. Los nuevos chicos malos 111

A todos nos gusta pensar que somos únicos y que nuestro molde se rompió cuando nos hicieron... Pero la realidad es diferente.

28. El teléfono deja de sonar... 117

Entonces vuelve a sonar, y luego para otra vez. Y como no tenemos el poder de adivinar el futuro, simplemente jugamos a «espera y verás».

29. El asunto de la edad 121

De repente un bombón llama tu atención y te preguntas por qué no había entrado antes en el radio de acción de tu radar. Fácil, porque no pertenece a tu grupo de edad.

30. Conocer a la familia 125

Tu relación está preparada para pasar al siguiente nivel... lo que para muchos significa conocer a la familia.

31. El dinero: ese difícil asunto 131

Hoy en día el mundo de las citas es confuso y a ello contribuye el hecho de que muchas mujeres son independientes, no necesitan escoltas para salir y pueden permitirse comprar sus propios bolsos.

32. Romper es difícil 135

A veces, simplemente no sale bien. Le has presionado, pinchado y has intentado de todas las formas posibles que iniciara una relación contigo, pero nada ha funcionado.

33. Sobreponerse a un rechazo 139

Las citas, además de la diversión y la alegría, también tienen su parte negativa.

34. Por fin llega el calor 143

¡Qué maravilloso invento! El amor de verano...

35. ¿Eres una psicópata? 147

Oh, sí. Es muy fácil señalar con el dedo a los locos y reírse, pensando que tú eres perfecta en todos los sentidos.

36. San Valentín y el Valium 151

Hay vacaciones, celebraciones y festivales, y todos parecen diseñados para que una persona soltera se sienta un perro verde.

37. Superar los días malos 157

Por mucho que te empeñes en permanecer en el lado soleado de la acera, estar soltera (al igual que tener una relación) puede provocar algunos días bajos.

38. Amor en la fotocopiadora 163

Lo más maravilloso del trabajo es que, además de traerte a casa la nómina, puede acabar llevándote también un marido.

39. ¡Alerta! ¡Ex a la vista! 167

Has conocido a un chico estupendo, parece que le gustas de verdad y las cosas están siendo estupendas. Bien hecho...

40. Pórtate bien con tus amigos 173

A veces las cosas pueden irnos tan bien que olvidamos lo duro que ha sido conseguirlas. Los amigos son un buen ejemplo.

41. Conviértete en la más popular 177

Encontrar a alguien especial es muchas veces un juego de probabilidades: cuanta más gente conozcas, más probable es que encuentres a alguien con quien conectes.

42. Recupera tu vida 183

¿Demasiado ocupada para buscar el amor? Es una queja muy común. Pero es que es muy fácil dejar que el trabajo se convierta en algo desproporcionadamente importante.

43. La elección del anticonceptivo 187

De acuerdo, tener una cita no significa necesariamente que vayas a acabar retozando, pero, afrontémoslo, normalmente es lo que sucede.

44. Sé sensual 193

Imagina la escena. Estás almorzando sola en un tranquilo café; levantas la mirada y ves a dos hombres en dos mesas cercanas. Ambos son guapos, de igual complexión y ambos te miran...

45. ¿Es esto lo que quiero? 197

Bueno, la vida a veces te da una patada en la boca. Consigues lo que siempre has querido pero todavía no eres feliz.

46. Caída libre 201

Es una queja común a hombres y a mujeres: pero, afrontémoslo, principalmente *entre* las mujeres. Conoces a un hombre, tienes un par de citas...

47. Cómo atraer a cualquier objetivo 205

Las románticas perdidas pueden saltarse el capítulo. A menos que realmente quieran cazar a alguien especial...

48. El monstruo de ojos verdes **209**

Aggg. ¿Hay algo más espantoso que alguien que hace que te sientas incómoda y que te odies a ti misma a causa de los celos que siente?

49. ¿Volver es una buena idea? **215**

A veces la libre y salvaje tierra de la soltería parece fantástica y llena de oportunidades, con un buen número de posibles amantes llamando a tu puerta.

50. Crear un nido de amor **219**

Pasamos una tercera parte de nuestra vida en la cama y, si tenemos suerte, podremos compartir una agradable porción de ese tiempo con alguien más.

51. Confianza real **223**

Con frecuencia las mujeres llevan consigo a su peor enemigo: la falta de confianza. Podemos crearnos expectativas poco realistas y después utilizarlas para reprendernos a nosotras mismas cuando las cosas no van demasiado bien...

52. ¿Lo hemos conseguido? **229**

¿Príncipe encantado? Compruébalo. ¿Flores y corazones? Compruébalo. ¿Canciones de amor en la radio? Compruébalo. ¿Te sientes bien con todas estas cosas sentimentaloides? Compruébalo.

¿Dónde está? **235**

Notas brillantes

Cada capítulo de este libro está diseñado para proporcionarte una idea que te sirva de inspiración y que sea a la vez fácil de leer y de poner en práctica.

En cada uno de los capítulos encontrarás unas notas que te ayudarán a llegar al fondo de la cuestión:

■ *Una buena idea...* Si esta idea te parece todo un revulsivo para tu vida, no hay tiempo que perder. Esta sección aborda una cuestión fundamental relacionada directamente con el tema de cada capítulo y te ayuda a profundizar en ella.

■ *Otra idea más...* Inténtalo, aquí y ahora, y date la oportunidad de ver lo que te sienta bien.

■ *La frase...* Palabras de sabiduría de los maestros y maestras en la materia y también de algunos que no lo son tanto.

■ *¿Cuál es tu duda?* Si te ha ido bien desde el principio, intenta esconder tu sorpresa. Si por el contrario no es así, este es un apartado de preguntas y respuestas que señala problemas comunes y cómo superarlos.

Introducción

¿Quién hubiera pensado que algo tan sencillo y natural como encontrar pareja pudiera requerir un manual de instrucciones? Después de todo, es fácil. ¿No consiste simplemente en que los ojos de los dos se cruzan dentro de una habitación abarrotada, en seguida comenzáis una charla apasionada en la que os impresionáis mutuamente con vuestro ingenioso repertorio y después pasáis a esas geniales mini-escapadas y cenas caras a la tenue luz de las velas? ¿No es así?

Pues no. En nuestros tiempos todo cambia constantemente. Nuestras expectativas sobre el amor, el romance y el sexo se han modificado por completo respecto a la generación anterior, cuando se consideraba que el matrimonio era un compromiso para toda la vida y la cosa más importante y seria que cualquier persona podía realizar en su vida. Hoy en día las estadísticas muestran que casi el 50% de los matrimonios terminan en divorcio y las familias monoparentales o los segundos matrimonios constituyen una gran parte de nuestro tejido social, todo lo cual lleva a que las personas se sientan  más inseguras ante la idea de un segundo compromiso y a que tengan pánico a sentirse heridas de nuevo. También influyen las largas jornadas de trabajo y el alto coste de la vida. Así que, para que nos hagamos una idea, el romance ha pasado a un segundo plano.

Pero hay una estupenda noticia y es que el corazón es un órgano muy fuerte. Y aunque es cierto que muchas relaciones han terminado en divorcio (además de aquellas que están todavía inmersas en los trámites legales), eso tiene un lado positivo: hay mucha más gente disponible para conocer que quizás, con un poco de suerte, sean un poco más inteligentes. Este libro está escrito con la siguiente idea en la cabeza: que tu primera incursión en el mundo de las citas probablemente se pareció a un viaje en la atracción de feria de los coches de choque, golpeando alegremente uno contra otro, separándoos si notabais que no había ninguna chispa entre vosotros y sintiendo que ya vendría otro coche contra el que chocar; entonces, de repente conectas con alguien por un momento y corres tu gran vuelta. Al principio todo es ilusión y sueños: realmente no lo considerarías algo tan maravilloso si no lo vieras con tus propios ojos. Entonces, antes de llegar a conocerlo realmente, vuelves de golpe a la realidad con otro porrazo y resulta que todo ha terminado. Aunque puede que eso suceda diez años después. Y de repente comienzas a sentirte algo mareada. Quizás estas carreras no son tan divertidas: es una montaña rusa y te sientes ahogada y realmente no estás tan segura de que te guste el viaje. Las cosas parecen mucho más complicadas que antes, y parece que hay mucho más que perder (como tu almuerzo en una de esas tremendas bajadas en caída libre, por ejemplo).

Sólo los realmente estúpidos o los totalmente insensibles no tomarían precauciones. Encontrar a alguien en el mundo moderno se ha convertido en algo muy complicado, a pesar del hecho de que el planeta está mucho más poblado que en toda su historia. Es como si hubiéramos olvidado el arte de establecer conexiones. Además, la última vez que salimos a buscar una pareja parecía que había muchos más solteros y daba la impresión de que resultaba más sencillo acercarse a ellos. Cuando tienes veintidós años, escribir tu número con un bolígrafo en el brazo de un chico mientras te pavoneas por el club juvenil de moda con tu pandilla puede parecer razonable, pero ¿podrías soportarlo a los treinta y cuatro? ¿Y aceptarías su llamada si lo único que puede ofrecerte es una cartera completamente vacía? Ligar con éxito se convierte en un arte mucho más complicado a medida que te vas haciendo mayor: después de todo, antes sólo querías que tu primer amor tuviera su propia motocicleta y ahora esperas que tenga su propia compañía de automoción.

Por añadidura, de ninguna forma podemos pasar por alto el síndrome de «Yo no puedo encontrar a un hombre» con el que conviven tantas y tantas mujeres. La realidad es que casi la mitad de la población son hombres, así que necesitas aceptar que quizás tu problema es que te encuentras sumergida en la rutina o que simplemente estás buscando en los lugares equivocados. Aquí examinaremos todas las formas en que puedes mejorar tu modo de comportarte, tu actitud y tus técnicas, y te devolveremos ese control que una vez tuviste y que ahora has olvidado. Todo esto conseguirá que tu vida amorosa vuelva a ocupar el centro de atención y que te centres en ser la estrella de tu propio espectáculo en vez de conformarte con ser un mero espectador que se limita a esperar que algo suceda (¿o es que has conseguido algo siguiendo esa táctica?).

Este libro está diseñado para ayudarte a entender todos los temores y motivaciones que hacen que te mantengas en un segundo plano y para devolverte la alegría de aquellos días en los que todo resultaba un juego divertido. Te proporcionaremos algunas herramientas especiales que te ayuden a volver a entrar en escena, como la comprensión de las nuevas reglas (como quién paga la cena o las citas rápidas), los trucos secretos (cómo saber si te desea antes incluso de que haya abierto la boca, el antiguo arte del espejo) y algunos buenos y seguros estímulos (lograr que tu propia vida resulte sexy, sentirte segura) para librarse de todos los posibles miedos.

Así que despierta, comienza a leer y recuerda... cualquier deseo puede hacerse realidad.

¡Disfruta el viaje!

1

¿En qué punto te encuentras?

Lo primero que debes hacer antes de salir en busca de un romance es echarte un vistazo a ti misma. No es una sugerencia, lo mínimo que puedes pedir es saber si tenéis algo en común...

No, necesitas hacer un cuidadoso examen a tu vida, a tu comportamiento e incluso explorar ese lugar que a veces nos resulta un tanto desagradable: el pasado.

Una de las clásicas quejas que estamos acostumbrados a oír por parte de la mayoría de las mujeres es «Pero si es que nunca conozco a nadie». Umm, ¿hola? Echa un vistazo a tu alrededor: ¿pasas tus noches de sábado cenando con antiguas amigas de la universidad o del colegio, sentada charlando con sus maridos y acunando a sus bebés mientras repites la anteriormente citada frase? Afronta los hechos. No es probable que tus amigas sean capaces de presentarte a un hombre soltero y atractivo que aparezca de repente con el postre (a menos que contraten un servicio de *catering*, claro). Si ya has conocido a todos sus amigos, compañeros de trabajo y personas relacionadas con ellas, entonces, ¿qué haces desperdiciando tu mejor vestido con ellos? Y, si has agotado todos sus recursos potenciales, pídeles claramente que te soplen las posibilidades de la próxima cena, aunque sólo consistan en charlar con alguien nuevo y poder expresarte libremente en el transcurso de una agradable velada.

Una buena idea

Pregunta a tus amigos en qué punto creen ellos que te encuentras. Quizás pienses que estás preparada para la llegada del amor de tu vida, pero a lo mejor te sorprendes cuando tengas delante a un grupo de amigos riéndose como hienas ante tal idea. ¿Por qué? Bien, quizás no te das cuenta de que dejas caer el nombre de tu ex en cada una de las frases que pronuncias, o gruñes en todas las fiestas interesantes en las que puedes tener un cierto protagonismo. Y la razón por la que no te das cuenta de nada de esto es esa vieja y buena amiga conocida como «negación». Aquí es donde tus amigos pueden ayudarte a entender en qué lugar estás, para qué estás preparada y, probablemente, qué es lo que necesitas cambiar.

¿Qué pasa cuando sales por la noche? ¿Pasas la velada apoyada en la pared, cotilleando con tus amigas y lamentándote del comportamiento de tu ex, sin atreverte a mirar a ese hombre que parece que está interesado en ti como si no te gustara lo más mínimo? Éste puede parecer un modo relativamente seguro de pasar las noches que sales, y además, al menos estás fuera de casa y en un sitio público, ¿no? Pero, desde luego, hacer esto equivale a quedarte sentada a solas en una habitación a oscuras con la única compañía de tus quince gatos. Un reciente estudio llevado a cabo  por el gobierno de Australia ha descubierto que sólo el 7% de la comunicación es verbal, el 38% de la información se comunica a través del tono de la voz y aproximadamente un 55% es comunicación no verbal (para que nos entendamos, el lenguaje corporal). Si estás completamente decidida a subirte al tren de las citas, debes comenzar a expresarte sin abrir la boca ni un milímetro.

La realidad es que tú quizás *digas* que quieres una relación, pero tu comportamiento contradice claramente esas palabras. Por supuesto que no debes renunciar a cenar con los amigos o a esas noches de «sólo chicas», pero sí necesitas hacerle algo de sitio en tu vida al romance. Es esencial que reconozcas que pueden ser los temores, los malos hábitos o tu vida completamente rutinaria los que estén jugando un papel esencial en tu situación. Y sólo cuando sepas contra qué te enfrentas, podrás comenzar a cambiar. Así que pregúntate por qué quieres quedar con alguien y si estás preparada. Si todavía te estás recuperando de la ruptura de una relación larga y difícil, entonces comenzar a salir con gente puede ser el gran impulso que necesitas, pero podría ser una buena idea aceptar que quizás necesitas estar un poco más de tiempo sola antes de embarcarte en otra relación seria. Si llevas siglos sin salir con nadie y piensas que debes de tener dos dedos de polvo encima a causa de llevar tanto tiempo plantada en la estantería, quizás lo que necesitas sea una cita tipo «kamikaze» (quedar por el gusto de quedar sin esperar que suceda nada), volver a familiarizarte con el proceso para que cuando tengas a la persona adecuada delante sepas reaccionar de forma correcta. O quizás simplemente estés lista para el amor de tu vida y quieras encontrar a un tipo de hombre diferente a los de la lista de perdedores que has estado evitando.

Otra idea más

Echa un vistazo a la IDEA 12, *Tener suerte y buscar la suerte*, para leer algunas ideas sobre cómo poner al día tu toque mágico en las citas.

Pero, cualquiera que sea la razón para quedar con alguien, lo que sí es cierto es que las citas deberían ser divertidas. Necesitas estar preparada para algo de éxito, algún fallo y, esperemos, para recopilar algunas historias divertidas que puedas contar después a tus amigos casados en esas cenas. Si estás experimentando problemas reales para introducirte en la espiral de las citas y sólo puedes sentir miedo ante la idea de llevar a cabo estos cambios, entonces debes considerar la idea de acudir a un consejero, a un *coach*, o incluso asistir a algunas clases de flirteo. No todo el mundo ha nacido con la habilidad de Mae West o con la autoestima de Madonna. Pero aquí vienen las buenas noticias: al igual que un buen bronceado de verano, puedes imitarlas a la perfección.

La frase

«El único remedio contra el amor es amar más».

HENRY DAVID THOREAU

¿Cuál es tu duda?

P Quiero tener una cita, pero nunca conozco a nadie. ¿Qué puedo hacer?

R *¿No hemos hablado ya de eso?*

P Sí, pero en mi caso es totalmente cierto. ¿Qué hago?

R *En cualquier caso, necesitas revisar tus malos hábitos a la hora de ligar. Si piensas que nunca conoces a nadie, puede ser porque continúas diciéndotelo a ti misma tan alto que no puedes oír a las personas que se interesan por ti.*

P Estoy desesperada por conocer a alguien. ¿Por qué debería hacerlo?

R *Sí... esa afirmación casa perfectamente con la de «Mi ex se fugó con la limpiaventanas y ahora me encuentro pagando las facturas de su tarjeta de crédito y siempre lo cuento cuando tengo un cita».*

P ¿Quién te lo ha dicho?

R *Intuición femenina. También podrías construir un fuerte de acero a tu alrededor y comenzar a tejer macramé si insistes en hablar del pasado con alguien que esperas que forme parte de tu futuro. Nadie va a pedirte una cita si piensa que todavía estás colgada de tu relación anterior, a menos que sea un consejero matrimonial. Y digo más, probablemente después de pasar una hora contigo te culpen a ti por lo sucedido. Así que haz un favor a todo el mundo y acaba ya con ese mediohombre buscando a otro hombre con el que puedas comenzar algo. De esa forma podrás dejar atrás tus sentimientos, comenzar a salir y a olvidar.*

2

¿En qué punto crees que se encuentran los demás?

Tan pronto como las niñas crecen lo suficiente como para entender el lenguaje hablado, les cuentan preciosas historias de guapos caballeros andantes y de príncipes encantados, animándolas a creer que Don Perfecto hará su aparición en cuanto se hagan mayores.

Desde luego, es una excelente forma de pasar el tiempo de la infancia y la juventud pero, señoras, no sean tontas. Para las mujeres creciditas, ése es el mayor enemigo de una madurez plena y sana.

Esto no quiere decir que una mujer no deba tener sus ideales. Los ideales son los que nos salvan de que acabemos con el sapo en vez de con el príncipe. Pero si tu propósito de encontrar a alguien es serio, necesitas olvidarte de ese sinsentido del «hombre perfecto» y pensar de una forma más real en cómo sois.

Una de las grandes técnicas para entender qué es lo que quieres realmente es la de la visualización. Consiste en que te imaginas a ti misma con tu pareja en una determinada situación y después observas qué es lo que ocurre; es una forma de acercarte más a tus deseos reales. Por ejemplo, en tu fantasía, ¿qué es lo que hacéis? Si estáis riendo juntos tumbados en la playa quizás signifique que desees a alguien con el que puedas relajarte, con el que puedas viajar, alguien cuya compañía te proporcione tranquilidad. Si lo que ves es un abrazo febril, quizás quiera decir que el sexo y la atracción son lo primordial para ti. Después, toma un papel en blanco y escribe una «lista de deseos» de las cualidades ideales de tu pareja, señalando un número aproximado de diez. Seguramente te encuentres con que has escrito cosas generales primero como «sentido del humor» pero deberías tratar de ser lo más específica posible.

Una buena idea

Dile a todo el mundo que estás intentando conocer a alguien. Ésta es también una importante técnica de visualización. Mejor que decir que estás desesperada por atrapar al amor de tu vida, explica que te sientes preparada para tener un encuentro con alguien agradable y poder pasar buenos ratos juntos. Así te parecerá más real dentro de tu cabeza y podrás situarlo como una de tus motivaciones principales. También puede ocurrir que tu primo se dé cuenta de repente de que su compañero de trabajo podría ser una cita estupenda para ti, algo que nunca había sucedido antes. Cuanto más explícitos sean tus deseos, mayores oportunidades tendrás de que las cosas cambien...

Después, vuelve a leer la lista. Si has escrito «rico» al lado de «que le encanten los paseos por el campo», ¿consideras que estás siendo realista? (Bueno, no es que sean opuestos completos; sé que podías referirte a que esos paseos eran por su enorme finca rural...). Si lo que buscas es un hombre de negocios dinámico, ¿crees sensato imaginarlo dedicando su tiempo a caminar por el campo contigo todos los fines de semana? Lo más probable es que tenga que trabajar muchas horas para mantener ese éxito que ha conseguido y deberías estar preparada para comprometerte con alguien así. Si no lo haces, lo único que conseguirás será acumular una gran cantidad de resentimiento que soltarías cada vez que estuvierais juntos.

¿Qué es lo más importante para ti? ¿Preferirías aceptar la seguridad y aprovechar el tiempo que podáis pasar juntos, o lo que desearías realmente son toneladas de atención y menos cenas relámpago? No es que no puedas tener suerte y encontrar las dos cosas al tiempo, pero la reflexión anticipada que realices ahora puede salvarte de que te cruces con el tipo perfecto y lo ignores porque pienses que no encaja en algunas de tus preferencias. Siguiendo con el tema, también es necesario que mires un poco en tu interior. Si estás buscando a alguien con un espíritu libre, ¿estás dispuesta a aceptar que tendrás que compartir o incluso cargar con crecientes responsabilidades dentro de la relación? Si tu idea es un tipo activo, ¿estarías dispuesta a que él dedicara todos sus sábados libres a jugar al fútbol con sus amigotes? Esto no consiste en lograr que alguien cambie, más bien en todo lo contrario: la clave para que seáis felices radica en que seáis compatibles incluso antes de la primera oleada de lujuria, ya que intentar hacer que alguien cambie y se meta en la piel de otra persona en la que no se va a sentir a gusto resultará un desastre tarde o temprano. Esta clave os salvará de muchos corazones rotos.

Otra idea más

La mejor forma de conocer a alguien que encaje con nosotros es mirar en los sitios en que es más probable que éstos se escondan. Para saber más sobre dónde encontrarlos, consulta la IDEA 3, *¿Cómo vas a encontrar a alguien apropiado en este lugar?*

También hay algo importante a tener en cuenta: lo que la otra persona desea. Si conoces a alguien que te gusta y no ha sido capaz de quitarse de encima todas sus fantasías de cuento de hadas, debes considerar quitarte de en medio cuanto antes a menos que estés dispuesta a pasar la mayor parte del tiempo vestida con un traje rosa de fiesta y unas zapatillas de cristal. ¿Cómo podrás saberlo? Si él te dice que le encanta que trabajes como consultora de alto nivel pero se queja de que no le planchas las camisas (que es lo que realmente le hace sentirse especial), piensa en ello detenidamente. Si deja caer la sugerencia de que contratéis una asistenta para que haga la colada de ambos, entonces estupendo. Si se muestra desilusionado y cuestiona tu compromiso, debes olvidarlo al instante. Pronto descubrirías que esta petición es sólo la primera de una larga lista titulada «Aros a través de los cuales estás obligada a pasar».

La frase

«Llegamos al amor no porque encontremos a la persona perfecta, sino porque aprendemos a conocer claramente a la persona imperfecta que tenemos delante».

ANÓNIMO

¿Cuál es tu duda?

P   He conocido a un chico encantador pero es un poquitín anticuado. Lo pasamos muy bien cuando estamos juntos pero enseguida terminamos discutiendo sobre la política, los derechos de la mujer, sobre quién paga la cuenta... ¿A dónde puede llegar esta relación?

R   *¿Crees que si pudieras cambiar esas pequeñas cosas él se convertiría en el hombre perfecto?*

P   ¡Exacto! ¿Qué debo hacer?

R   *Y, si él pensara lo mismo sobre ti, ¿lo calificarías como un completo machista ultraconservador? A menos que este tipo de conversaciones sólo sean bromas inofensivas, entonces, poneos de acuerdo en lo que podáis, estableced lo que realmente os separa y seguid adelante.*

P   ¿Seguro que eso no es muy radical?

R   *En este momento quizás te lo parezca, pero si él quiere una esposa ama de casa y tú te niegas a dejar tu trabajo, vuestro desacuerdo podría llegar mucho más lejos que en vuestras citas. Como el sabio escritor Antoine de Saint-Exupery dijo: «El amor no consiste en mirarse el uno al otro sino en mirar juntos en la misma dirección».*

3

¿Cómo vas a encontrar a alguien apropiado en este lugar?

Estás lista para salir ahí fuera y comenzar a mezclarte con la gente, pero ¿qué significa exactamente «ahí fuera»?

Lo primero que necesitas es decidir cuál va a ser tu audiencia objetiva y después contar con algunos cómplices bien adiestrados.

Por ejemplo, una amiga destrozada porque recientemente ha sido abandonada por su pareja y que lo único que necesita es una hermana a quien llorarle en el hombro no será una buena compañía porque te rondará gimiendo mientras tú intentas captar la atención de cualquier hombre. Intenta salir al menos con dos amigas, y que preferiblemente pertenezcan también al club de las solteras, para llevar a cabo tu propósito. (Tres son mejor que dos, así, al menos no terminarás sentada sola con otra persona, mirando su copa fijamente para evitar fijar la vista en algunos tipos nada deseables. A menos que sea eso lo que ella desee, claro...).

Aunque los bares no son necesariamente los mejores sitios para encontrar pareja, ofrecen una excelente oportunidad para subirse al columpio (que no para columpiarse, que es completamente diferente). También proporcionan el beneficio indudable de un buen escocés, pero recuerda: el alcohol sirve para calmar un poco los nervios pero también puede afectar a tu estándar de calidad (la visión borrosa, por ejemplo). Y además de empañar tu visión, puede nublarte el juicio así que asegúrate de beber con moderación y de no ponerte en excesivo peligro cuando entres en el juego.

Una buena idea

Cuando te encuentras a una persona por primera vez, debes estar preparada y tener pensado cómo puedes conducir la situación para que paséis al siguiente nivel. ¿Quedar para un partido de tenis, por ejemplo? Pregúntale si le gustaría que quedarais para jugar alguna vez.

Pero en tu caso quizás ya lo has intentado en bares y discotecas y has encontrado una y otra vez a los mismos viejos perdedores. Si es así, la clave está en modificar todas tus conductas establecidas y en intentar algo nuevo. Ofrécete para pasear al perro de un vecino y recorre el parque a la hora en que todo el mundo sale a hacer un poco de deporte. Puede surgir un amigo inesperado de una situación que os ofrezca tanto a ti como a la otra persona una forma sencilla de entablar una conversación. Otras propuestas pueden ser comenzar a tomar clases de algún deporte como el  tenis o el golf, en las cuales es probable que te emparejen con alguien o que os dividan en equipos y que haya gente con la que puedas charlar. Si te gusta tu aspecto cuando tienes el pelo mojado, a lo mejor prefieres el surf o el submarinismo. Si esta última es tu opción, puedes compaginar tus clases con las vacaciones y conocer a un montón de gente nueva y de novios potenciales. Sólo tienes que estar segura de que te vas a sentir cómoda practicándolo; si no te sientes a gusto en traje de baño, intentar atraer la atención de alguien mientras practicas esnórquel ¡puede convertirse en una pesadilla! (Quizás sea mejor idea ir a una clase por la tarde con un estupendo polo de colorines). Si eres aficionada al cine, prueba con el cineclub de tu ciudad o busca coloquios sobre cine en las asociaciones de tu barrio. Esto te proporcionará dos beneficios: a) un apoyo b) una razón socialmente aceptable para comenzar a charlar con la persona que esté sentada a tu lado, pero, por favor, espera a que la peli haya acabado... También es buena idea porque puedes ir a este tipo de sitios sola, lo que resulta ideal si no quieres compartir con nadie tu deseo de coquetear o de charlar con gente nueva.

También está la categoría de las «citas de ocasión». Estar preparado para tener una cita significa buscar oportunidades potenciales y estar dispuesto a actuar en el momento en que aparezcan. Si estás en el supermercado al lado de un guapo comprador que sólo tiene alimentos para uno en su cesta, debes estar capacitada para pensar deprisa, hacer una pregunta sobre la diferencia entre las naranjas clementinas y las navelinas o, simplemente, sonreírle de forma coqueta.

Otra idea más

Asegúrate de estar enviando las señales correctas leyendo la IDEA 17, *Vestida para el éxito.*

Por supuesto, puedes evitar cualquier tipo de confusión (como tener que dar una explicación verdadera sobre las diferencias entre los tipos de naranja) si eliges uno de los métodos más directos que han servido a los solteros durante años. Las formas más populares de tener algo de control sobre tu situación romántica son los anuncios personales por palabras, las citas por Internet, las citas rápidas, los clubes gastronómicos y las agencias matrimoniales. En un mundo en el que se reconoce de forma general que tener oportunidades de comenzar nuevas relaciones se ha ido poniendo cada vez más difícil, todos estos métodos llevan unidos el estigma de «desesperados». De hecho, la romántica más recalcitrante y apasionada que todavía anda esperando que aparezca su príncipe azul enfundado en su armadura blanca puede beneficiarse de unos cuantos truquillos.

Una forma estupenda de hacer más sencilla tu entrada en el mundo de las citas es pedir a los amigos que te organicen un par de citas a ciegas.

Éstas proporcionan un elemento de seguridad añadido (al menos el individuo viene recomendado por un amigo o un compañero de trabajo) y te da la oportunidad de tener tiempo para depilarte las piernas y para elegir un buen vestido: dos cosas esenciales para subirte al tren. Y, por si fuera poco, te ofrece la ventaja de que tenéis alguien en común de quien hablar.

La frase

«Para provocar el nacimiento del amor, sólo es necesaria una pequeña brizna de esperanza».

STENDHAL, ESCRITOR FRANCÉS

¿Cuál es tu duda?

P Me encantaría conocer a alguien, pero sólo con pensar en hacer algo tan artificial como pedirle prestado el perro a un amigo me siento incómoda. Quiero encontrar el amor de una forma natural. ¿Estoy siendo poco realista?

R *Eso es como decir que quieres sentarte dentro de tu torre de cristal y esperar a que alguien eche la puerta abajo. Sufres el síndrome del «cuento de hadas».*

P ¿Pero de verdad existe alguna pareja que se haya conocido así y haya *encontrado el amor?*

R *Por supuesto, pero aquí no se trata de hacer un conjuro mágico y de manipular a alguien contra su voluntad, lo único que estás haciendo es incrementar las oportunidades de que aparezca la persona correcta en el mismo lugar en el que estás tú y al mismo tiempo. La vida es cuestión de números, así que cuántas más oportunidades crees, más posibilidades tendrás. ¡Atrévete!*

4

Aprende de los maestros

Todo el mundo conoce a alguna persona que liga de forma increíble, cuya agenda social parece necesitar secciones extras de lo abarrotada que está y a la que parecen adorar todos los hombres, desde los niños hasta los abuelos.

En vez de hacerle algún tipo de vudú, mira y aprende: tanto de lo bueno como de lo malo.

PERO, ES QUE ELLA ES TAN EXPLÍCITA

La mayoría de las mujeres que poseen estas habilidades con frecuencia resultan transparentes para las otras mujeres; ellas parecen desplegar sus encantos sin ningún tipo de vergüenza y elevar el ego masculino de forma inmediata. Bueno, noticias frescas: a los hombres no les importa eso en absoluto. Y para ir un poco más allá todavía, ni siquiera se dan cuenta de lo que les hacen a otros hombres de la oficina a menos, claro está, que sean popularmente conocidas como las «mantis religiosas» y se coman a sus parejas después de acostarse con ellos. Esto pasa porque la mayor parte de la gente necesita un poco de atención extra en sus vidas. Reconócelo, incluso aunque sepas que ese chico de contabilidad que coquetea contigo lo hace también con todas las mujeres que se encuentra en las escaleras, consigue que tu día sea menos lúgubre; el coqueteo hace que la vida sea más divertida.

Además el flirteo no tiene por qué ser sexual ni conducir al sexo. Puede consistir solamente en fijar la mirada, romper a reír y no tomarse nada excesivamente en serio. Quizás no establezcas conexión con el hombre de tu vida pero resulta excelente para mantenerte fresca; es una excelente forma de evitar que conviertas cada cita que tengas en una entrevista de «alto nivel». Que no te la tomes demasiado en serio, vamos.

Una buena idea

Observa a las personas que te hacen sentir bien y considera qué cualidades son las que más te gustan. Quizás tu abuela es una persona agradable con la que te gusta estar porque sabe escuchar. Quizás tu mejor amiga es estupenda inventando planes excitantes y consiguiendo que se hagan realidad. Y a lo mejor tu hermano sabe cómo calmar los nervios a todo el mundo... Piensa en cómo puedes adoptar esas formas agradables de comportamiento y busca rasgos similares en ti misma.

RECONOCERLOS EN MEDIO DE LA ACCIÓN

Muchos de los grandes coquetos tienen unas cuantas habilidades en común. En primer lugar, todos sonríen muchísimo. Y esto no quiere decir que hubieran podido hacer estupendamente de extras en *Las mujeres perfectas*. Sólo significa que miran el mundo con optimismo, una cualidad que se valora tanto entre los amigos como entre los colegas. En segundo lugar, hacen preguntas y recuerdan los detalles; cualquier buen trabajador del mundo de los contactos sociales o profesionales te dirá que esto constituye una herramienta esencial para hacer buenos contactos. Debes conseguir que la gente se sienta valorada, entendida y especial, así que prueba establecerte una regla mental que te obligue a hacer más preguntas de las que

contestas. Recuerda, esto no te convertirá en un ama de casa de los años cincuenta; es una habilidad útil tanto en el mundo de los negocios como en el de las relaciones personales. Y en tercer lugar, utiliza con frecuencia el contacto físico, a veces contigo misma y a veces con los demás. Tocarte el pelo o la cara le da a la otra persona una pista clara de que estás interesada en ella. Tocarle el brazo o la mano mientras charláis o ponerle la mano en el hombro mientras cruzas la puerta son siempre formas de hacer que la gente se sienta cómoda con la idea de su propio espacio y de hacerles entender que pueden entrar en el tuyo.

ENCONTRAR EL COQUETEO APROPIADO PARA TI

Puede ser que nada de lo descrito arriba vaya contigo. Si cada vez que asoma la coqueta oficial sientes deseos de encerrarla en la taquilla y te empeñas en que no sabe usar la fotocopiadora sin tener en cuenta que antes trabajaba para Xerox... creo que tienes que darte cuenta de que necesitas modificar sus tácticas para adaptarlas a tu caso. Quizás puedes imitarla en la forma en que recuerda el nombre de todo el mundo y se involucra en las actividades de después del trabajo (quizás no te gusta Juan, el de informática, pero puede que su hermano sea genial). Se trata de que reconozcas que quizás debas afinar tus habilidades de forma consciente sin que llegues al trabajo al día siguiente pareciendo otra persona completamente distinta. Como guía y ayuda puedes usar todo lo que ella hace mal: quizás dedica toda su charla a hablar sobre la otra persona, lo cual es un modo estupendo de atraer la atención pero no ayuda a que las cosas evolucionen al siguiente paso. Quizás el escote de su blusa le llega hasta la cintura; tampoco parece un movimiento muy sutil... Las chicas listas pueden aprender lecciones en cualquier lugar.

Otra idea más

¿Te da la impresión de que a veces hablas demasiado poco y otras parece que recites un monólogo? Lee la IDEA 6, *Demasiada información*, para que tus conversaciones sean un éxito.

LA NATURALIDAD

Por todo esto es por lo que necesitas reflexionar sobre cómo te desenvuelves ahí fuera. ¿Recurres siempre a los chistes o al recuerdo de aquellos hombres que conociste que te hacían sentir encantadora? ¿Te sorprendes a ti misma bromeando como lo harías con tus amigos masculinos o con tu exnovio? Quizás esto pueda ser estupendo cuando tienes pareja estable, pero no resulta tan apropiado para un primer encuentro con otra persona. La mayoría de las personas se marcan un límite sobre lo que puede durar un primer encuentro y sobre todo sobre la cantidad de información que desean obtener. Puedes pensar en charlar sobre tu ex, tu desorden alimenticio o tu licenciatura porque crees que esto demuestra lo extrovertida que eres, pero ¿no es posible que asustes a la gente y que piensen que eres demasiado «manejable»? Ir revelando cómo eres poco a poco a medida que os conocéis el uno al otro es una forma mucho más recomendable de respetar el espacio del otro y de conseguir que se sienta cómodo.

La frase

«El misterio siempre resulta atractivo. Las personas siempre se esconden tras un velo».

BEDE JARRET, SACERDOTE Y ESCRITOR BRITÁNICO

¿Cuál es tu duda?

P La idea de coquetear me resulta totalmente indigna. ¿No es cierto que si le interesó a alguien él hará un esfuerzo sin necesidad de que yo tenga que pasar por el aro?

R *Ah, una coqueteofóbica. No apostaría a que conocerás a alguien.*

P Muchas gracias. Quizás es sólo que tengo mi orgullo...

R *El cual es un pobre acompañante cuando las noches son largas y solitarias. Afróntalo, tu actitud no es la correcta. Ves el coqueteo como una tentativa desesperada para llamar la atención más que como una forma fácil de desenvolverse en el ambiente social y de poner un poco de aceite en los engranajes para que rueden con más facilidad. Todo el mundo necesita valor y una sonrisa dirigida a un desconocido no significa nada más que eres abordable si es que él te quiere «abordar». Y si una vez que se acerca te encuentras con que no tienes nada que decir, dará igual porque los dos os sentiréis atractivos. Así que alégrate.*

5

Amor electrónico

Ocupa una gran parte de nuestras vidas y ha venido para quedarse. Internet ha revolucionado totalmente las relaciones humanas.

Las ventajas de las cibercitas son obvias...

Tienes completamente claro que quieres encontrar pareja sin tener que ser demasiado explícita y te encuentras en un entorno totalmente abierto y libre en el cual puedes coquetear y charlar. Hay cientos de sitios web dedicados a que la gente pueda encontrar a otras personas con intereses y deseos similares. Además, gozas de un alto grado de anonimato que puede hacer que te sientas más confiada. Puedes hablar y hablar hasta que sientas que el grado de conexión con la otra persona es suficiente para que os encontréis en persona. Los defensores de las citas por Internet afirman que lo ideal es que se centran en el diálogo más que en lo físico, por lo que las relaciones tienen la oportunidad de comenzar basándose en criterios más fiables. Para aquellos que han estado fuera del círculo de las citas durante un tiempo, sencillamente puede ser una forma de volver a la palestra en un entorno donde la confrontación es más suave y en el cual tienen tiempo para reconstruir la confianza en sí mismos.

Las desventajas, desde luego, también resultan evidentes. No puedes saber si en realidad estás hablando con un solvente y atractivo arquitecto de treinta y tres años, sin hijos, que vive a sólo ocho kilómetros de tu casa, o con una aburrida ama de casa de Oslo. También puede ocurrir que pases tanto tiempo plantada delante de tu ordenador que olvides cómo relacionarte con la gente normal de la calle, así que asegúrate de que es sólo una pieza más de tu armadura y procura que no se convierta en tu razón para vivir.

Una buena idea

Existen miles de sitios web dedicados a los amantes del arte, a los aventureros, a los padres y madres solteros o a las relaciones con gente de tu mismo sexo; en realidad, hay prácticamente de todo. Prueba registrándote en diferentes sitios que representen tus intereses de forma fidedigna. Algunos sitios también ofrecen noches de citas y días concretos de encuentros en el caso de que no estés muy segura de que puedas concertar tus citas sola.

DIBUJAR UN RETRATO

Si sufres un poco de verborrea en tus primeras citas y antes de llegar el aperitivo ya le has contado al hombre que tienes enfrente todas tus enfermedades infantiles, Internet te ofrece la posibilidad de practicar tus habilidades como editora. Es una excelente manera de comenzar a pensar sobre tus puntos fuertes, sobre lo que te gustaría proyectar con tu conversación y sobre con qué hábitos necesitas acabar como sea (como el de disculparte por todo, por ejemplo). Si sientes que la persona que has encontrado no es para ti, di un educado «gracias» y busca a otro. Y si la cosa va de mal en peor y te hartas de alguien, para eso se inventó el botón «borrar». Si por un momento te emborrachas de ambiente y publicas una foto en

la que llevas esos pequeñísimos pantalones de hace diez años que ahora reposan en el fondo del armario, tómalo como un acto de optimismo. El mensaje aquí es claro: para atraer a alguien que esté interesado en cómo eres de verdad, tienes que ser tú o estarás conduciéndote tú misma al desastre desde el principio. Así que sé sincera y, como en cualquier otro tipo de cita, mantén la esperanza de que también la otra persona será sincera contigo.

MANTENERSE A SALVO EN EL CIBERESPACIO

De todas formas, debes tener en cuenta que ni todos los mejores deseos del mundo te salvarán de ciertos peligros muy reales. Tienes que seguir algunas reglas para mantenerte a salvo; si la gente es honesta, entenderá y respetará que necesitas protegerte y no te presionará para que hagas algo que te haga sentir incómoda.

- Si te sientes incómoda con la dirección que está tomando una conversación, ponle punto final de inmediato. No es para nada razonable esperar que todo el mundo sea franco y amigable si eso es lo que te gusta (pero, al mismo tiempo, si te sale tu lado coqueto este entorno puede ser el adecuado para darle rienda suelta, siempre que te mantengas a salvo y protegida).

Otra idea más

¿Quieres intentar algo con una «interfaz» más humana? Prueba con la IDEA 3, *¿Cómo vas a encontrar a alguien apropiado en este lugar?*

- Nunca des tu número de teléfono, ni la dirección de tu casa o del trabajo a alguien que no conoces.

- Si decides citarte personalmente con alguien, hazlo en un sitio público y cuéntale a tus amigos dónde vas a estar y qué estarás haciendo. Incluso puedes pedirle a un amigo que espere contigo hasta que llegue tu cita y os encontréis.

- Confía en tus instintos. Si no te sientes cómoda, hazle caso a ese sentimiento y prepárate para acabar la cita cuanto antes.

■ Incluso si el encuentro resulta un éxito, considera si es inteligente permitir que la otra persona te lleve a casa o que le des tu número de teléfono. Un poco de precaución puede mantenerte lejos de un ataque al corazón y si la persona es la adecuada para ti, entonces llevar las cosas de forma más lenta jugará siempre a vuestro favor.

La frase

«Lanza tus sueños al espacio como una cometa y nunca sabrás cómo volverán: una nueva vida, un nuevo amigo, un nuevo amor, un nuevo país».

ANAIS NIN, NOVELISTA, DE SUS *DIARIOS*

¿Cuál es tu duda?

P Estoy pensando en unirme a un sitio web pero estoy preocupada por que la gente piense que soy una perdedora indigna. ¿Crees que lo soy?

R *Estamos en el siglo XXI y necesitamos métodos acordes al siglo XXI. Si estuvieras viviendo en la España medieval quizás tu padre te llevara al mercado el domingo y te cambiara por un cerdo o una cabra. ¿Qué te resulta más indigno ahora?*

P Pero, ¿y si sólo atraigo a locos y raros?

R *Ahí es donde se encuentra la belleza de este método. Estás protegida por la distancia que te proporciona la red si la usas de forma correcta. Y, ¿es que tú eres rara o estás loca? Bien. Entonces deja esa actitud anticuada y atrévete a arriesgarte. La mayoría de las personas que han tenido un encuentro romántico en Internet han tenido suerte, y tú puedes ser la siguiente.*

6

Demasiada información

Chicas: nos encanta hablar. La charla funciona como el pegamento de nuestra vida social y consigue que la gente se sienta unida.

El único problema es que puede haber ocasiones, como cuando nos han servido el vino incorrecto o cuando estamos nerviosos, en que podemos desarrollar algún tipo de tic verbal...

Decidimos que la mejor ruta hacia la intimidad es una narración no adulterada, desde el corazón, de cuatro horas en la que se detallen nuestros peores defectos y los puntos bajos de nuestra vida. Como si estuviéramos en una terapia. Pero los hombres con cierta frecuencia tienen problemas para mantener la atención incluso con la mujer a la que han amado durante años, así que imagina lo que una charlatana que acaban de conocer puede provocar en sus sistemas de alarma.

HAZTE UNA BUENA PUBLICIDAD

Si estuvieras vendiendo un coche, no mencionarías la vez que derramaste leche en el asiento trasero o el hecho de que las ranuras de ventilación sólo pueden orientarse hacia el techo. Así que deberías aceptar que tus éxitos, más que tus defectos (y sin que suene como si fueras una completa egocéntrica), deben ocupar el punto central de la escena. Pero sólo una parte del tiempo. Es un hecho que a la mayoría de las personas (no sólo a los hombres, pero sí a la gran parte de su género) les gusta hablar sobre ellos mismos. Si te resulta difícil encontrar las preguntas adecuadas por la presión del momento, entonces debes planearlas con anticipación. Puede parecer un tanto artificial pero es mejor que agonizar y morder el polvo durante esos horribles silencios que se producen durante la cena. También te ayudará a controlar tu propio discurso y a concentrarte en escuchar más que en no parar de hablar.

Una buena idea

Para de hablar y comienza a escuchar. Llama a tus amigas para que te ayuden. Compra una botella de vino, organiza una reunión y pide una amnistía de honestidad. Dales permiso para hablar de tus momentos más vergonzosos, como la vez que le diste una charla de dos horas a aquel guapísimo chico que conociste en una fiesta sobre la orden de alejamiento que dictó el juez para que no te acercaras a menos de quinientos metros de la casa de tu novio. Hazte una nota mental para no volver a repetirla: «No, realmente, esta historia no tiene gracia». Después pídeles que enumeren tus mejores virtudes, desde tus torneados y delgados brazos (para que vistas blusas sin mangas) hasta lo bien que bailas (añádelo a tu armamento de seducción). Escríbelas y pégalas en tu frigorífico. Después de todo pueden ser tus peores críticas, pero también pueden pasar por alto muchos de tus defectos y de tus virtudes. Así que haz un esfuerzo consciente para potenciar tus virtudes en tu vida diaria. Todo consiste en centrarse en lo positivo...

PREGUNTAS QUE NO DEBES REALIZAR

Hay algunas preguntas especialmente buenas para introducir el miedo en el corazón de los hombres:

- La primera de ellas tiene que ver con su pasado, especialmente en las primeras semanas de la relación. Después de todo, es útil saber lo qué ha pasado en la vida de alguien pero si él se encuentra en una «zona desastrosa» probablemente lo dejará traslucir a través de sus propiaCs afirmaciones más que si lo presionas (como esos hombres que mencionan a su exnovia en cada una de sus frases o culpan a todas sus ex de haber arruinado la relación). Si es un buen contendiente, las inocentes discusiones que tuvisteis al principio pueden volverse en tu contra cuando estés más involucrada. También estás poniendo un límite hasta donde puede llegar la situación; el pasado puede decirte lo que ocurrió o lo que puede ocurrir, pero no lo que ocurrirá.

Otra idea más

Echa un vistazo a la IDEA 17, *Vestida para el éxito*, para encontrar algunas ideas sobre la comunicación no verbal.

■ Luego está el eterno tópico «¿En qué piensas?». Si hay una frase que debería borrarse del planeta, es ésa: esta frase suele decirse en momentos de inseguridad y suele esconder una petición (que normalmente consigue) de una respuesta falsa. Si él está pensando en el desayuno o en lo que están poniendo en la televisión te sentirás desilusionada; si está pensando en su exnovia te pondrás histérica; y si dice que está pensando en ti, no le creerás de todos modos... Haz a todo el mundo un favor y pellízcate cada vez que esa pregunta se te venga a los labios.

■ Y preguntarle a dónde va vuestra relación es como regalarle el ticket del autobús y ayudarle a ponerse el abrigo. Por supuesto, estás autorizada a saber qué pasa entre vosotros si no está lo suficientemente claro, pero intenta ser más específica. La vaguedad de esta pregunta implica demasiada presión y la mayoría de los hombres sentirán que les estás preguntando cuándo te van a comprar el anillo de brillantes. Si realmente quieres saber si tu relación con él es exclusiva, pregúntalo directamente. Pero nunca lo hagas en la primera cita...

La frase

«Lo opuesto a hablar no es escuchar. Lo opuesto a hablar es esperar».

FRAN LEBOWITZ, NOVELISTA

¿Cuál es tu duda?

P Creo que mi forma natural de desenvolverme es una de mis mejores cualidades. ¿Seguro que no está mal fingir ser alguien que no eres?

R *Una cosa es ser natural y extrovertida y otra es utilizar a alguien como público. ¿Has pensado alguna vez que no sabes nada sobre la otra persona después de pasar una noche entera hablando con ella?*

P Algunas veces, pero no puedo evitar que ellos no sean más rápidos. Me aburro de esperar. ¿Eso es malo?

R *¿Y siempre cuentas las mismas historias?*

P Bueno, las mismas si son divertidas. ¿También es malo?

R *Sí, para ya. Parece que estás utilizando ese comportamiento como una forma de mantener alejada a la gente. ¿No resultaría interesante ver lo que otras personas tienen que decir o qué es lo que les gustaría saber de ti? Si controlas el flujo de la conversación controlas también el flujo de la información: arriésgate un poco y deja que las conversaciones sean bidireccionales. Quizás te sorprendas y aprendas mucho sobre los demás (y sobre ti misma).*

7

La mecánica del amor

Las mujeres somos estupendas en eso de ser comprensivas y amorosas. Podemos pasar horas y horas charlando sobre las minucias de nuestras relaciones, nuestros traumas laborales o nuestro vestuario.

Casi todas nosotras tenemos la habilidad de dar consejos amateurs en un tema o en otro. El único problema es que a veces no sabemos cuándo parar.

Algunas veces te habrás encontrado con un hombre que parecía estupendo. Es cercano y divertido y ¿qué si a veces te acusa de coquetear con el camarero? Puedes comprenderlo perfectamente ya que su prometida le engañó, a causa de lo cual él acarrea ciertas inseguridades. ¿Sí? Pues no. Esto es lo que se conoce como actuar como mecánico del amor y tan pronto como hayas afianzado de nuevo su confianza, lo encontrarás haciendo las maletas para irse con otra: una que no le recuerde todas sus inseguridades pasadas.

¿TE ESTÁS PONIENDO EL MONO DE TRABAJO?

¿Te suena familiar? ¿Con frecuencia te sorprendes a ti misma ayudando a alguien a salir de una mala relación y librándose de sus malos recuerdos contigo? Éste es un modo de comportamiento que *necesitas* cambiar.

Quizás sientas que te estás comportando como una chica estupenda, sensible y comprensiva, pero si no dibujas una línea sólo estarás actuando como terapeuta.

Una buena idea

Si has intentado cortar las conversaciones sobre su ex pero él sigue sacándolas una y otra vez, entonces no sientas miedo de preguntarle directamente cómo se siente respecto a su pasado. Pregúntale si piensa realmente que lo ha superado. Esto conseguirá que se dé cuenta sorprendido de que no se ha estado comportando de la forma adecuada o le hará afrontar que no se encuentra en el sitio apropiado; sea cual sea la respuesta, es mejor saber dónde te encuentras. A nadie le apetece ser sólo un pañuelo emocional...

CONTROLA TUS PROPIOS TICS

¿Te sorprendes con frecuencia preguntándole a alguien sobre su pasado y creando así un ambiente libre en el que te pueden contar cualquier cosa? Quizás te parezca que es lo más razonable que puedes hacer, pero te aseguro que no es tan razonable para ti. Si tienen mucho bagaje emocional no necesitarán un oído amigo sino más bien un consejero profesional. La gente suele repetir los mismos patrones de conducta: un hombre que se niega a comprar la cena porque piensa que su ex era una cazafortunas, no te está mirando a ti como la persona que eres sino como alguien con quien puede expresar el enfado que no desahogó con ella. En términos psicológicos, se llama «transferencia» y se da cuando alguien transfiere sentimientos de una situación o relación a otra; en la realidad se llama comúnmente *aburrimiento*. (Algunas veces este comportamiento puede tener raíces más profundas, como alguien que se queja de que no puede mantener su trabajo porque perdió a su gato cuando tenía cinco años, en vez de admitir que es ¡porque no puede evitar robar todo el material de papelería!).

No lo permitas. La mejor forma de romper este tipo de círculos de mal comportamiento es marcarlos como inaceptables. Mira hacia otro lado, pon una cara inexpresiva o, directamente, cambia de conversación; eso conseguirá hacerle saber de forma clara que no estás dispuesta a continuar la conversación. Puede ser que no responda a este tipo de táctica y persista, en cuyo caso debes aceptar que todavía no está preparado para pasar página.

Otra idea más

Lee la IDEA 32, *Romper es difícil*, para obtener ayuda sobre cómo romper cuando te has equivocado de hombre.

Por otra parte, nosotras también podemos caer en malos hábitos y encontrarnos a nosotras mismas haciendo cosas por la sencilla razón de que siempre las hemos hecho, no por otra razón de más peso (como  escupir, o hacer el gesto, cada vez que alguien menciona a un antiguo jefe; puede parecerte divertido pero para alguien que te ve desde fuera puede resultar siniestro). Si éste es tu caso, harás un favor a ambos forzándote a romper el círculo vicioso del cual la otra persona no sabe muy bien cómo escapar.

Advertencia final: si habla sobre su ex como si ella estuviera hecha de azúcar y flotara entre las nubes de algodón, sal corriendo cuanto antes. Todavía está enamorado de ella y tú sólo eres una buena calienta camas más que una proposición seria. Nadie puede competir con una versión idealizada del pasado; siempre llevarás las de perder.

La frase

«El pasado es como un país extranjero. Todo el mundo hace las cosas de forma diferente allí».

L. P. HARTLEY, ESCRITOR

¿Cuál es tu duda?

P   He conocido a un hombre que me encanta pero me parece que habla demasiado del pasado. Creo firmemente que hay algo entre nosotros pero las constantes referencias a su ex están comenzando a volverme loca. ¿Estoy siendo algo neurótica?

R   *¿Habla de ella como si fuera perfecta o como si fuera venenosa?*

P   Ella minó tremendamente su confianza y se acostó con uno de sus amigos; aunque él no lo reconoce, necesita mucha reafirmación. Es agotador. ¿Qué puedo hacer?

R   *Él no puede juzgar el futuro por lo que ocurrió en el pasado y una vez que vuestra relación sea más estable todos esos temores deberían evaporarse. Si piensas que tenéis futuro entonces puede merecer la pena librar la batalla, ya que, obviamente, él necesita volver a reconstruir su confianza en las mujeres (en general). No es poco realista esperar algo de reafirmación por parte de tu pareja; sin embargo, déjale claro que tú eres una persona independiente y que todo lo demás son sus demonios. Aunque él necesite hablar de sus temores para espantarlos, tú necesitas dejar claro que hay periodos en los que debe establecerse una «tregua» en la que seas tú la escuchada y en la que la atención se centre en vosotros dos.*

P   ¿Y si eso no funciona?

R   *Si ha existido algún tipo de abuso en su relación anterior puede ser mejor para él que busque ayuda profesional para reconstruir su autoestima. Quizás tengas que dejarlo que camine por sí mismo hasta que eso ocurra.*

8

Afrontar los hechos

Cuando se trata del amor, todos somos maestros en el arte de la decepción, tanto con nosotros mismos como con los demás.

Sin embargo, la habilidad clave para aprender y ser maestro en el arte de las citas es precisamente el arte de la verdad: cuándo usarla en pequeñas dosis, cuándo admitirla y cuándo afrontarla.

Sufrirás mucho durante todo el proceso de las citas si no puedes afrontar unos pocos hechos (y esconder otros cuantos). El primero de todos es que tendrás que besar a unos cuantos sapos en el camino. Y probablemente, también encuentres a algún príncipe que piense que eres tú el sapo. Y quizás algún príncipe que está esperado encontrar a la princesa adecuada y que hasta puede que piense que ésa eres tú. Y cuanto antes aprendas a levantar de nuevo el ánimo, mucho más fácil te resultará recuperarte y volver a la rueda de las citas; y el mejor efecto secundario de esa nueva resistencia que acabas de encontrar (nada puede mantenerte más a salvo que te rompan el corazón un par de veces) es que tu valiente determinación de mantenerte en movimiento te hará mucho más atractiva a los ojos de los chicos adecuados. Cuando un hombre te dice que no está seguro de hacia donde va vuestra relación, en lugar de enterrarte en una montaña de pañuelos de papel y suplicarle que te explique por qué todos los hombres te odian, encoge los hombros de manera sincera y asiente (incluso si ya habías elegido mentalmente las corti-  nas para vuestro nidito de amor). Si simplemente te está poniendo a prueba, hará el esfuerzo de que las cosas vuelvan a su sitio; pero si realmente quiere decir que os está haciendo un favor ambos cortando la relación de raíz y dejando que te vayas, vete con tu dignidad intacta para que ésta pueda servirte de abrigo.

Una buena idea

Si no eres capaz de quitarte a alguien de la cabeza, prueba a escribirlo todo como si fuera un cuento, utilizando a otros personajes en vuestro lugar. Cuando oímos hablar sobre otras personas, sus errores y desilusiones nos parecen obvios, pero los nuestros nos resultan difíciles de reconocer. Algunas veces intentamos que los hechos encajen con nuestros deseos en vez de afrontarlos tal y como fueron en realidad. Ver las cosas en blanco y negro normalmente es una estupenda forma de conseguir una perspectiva más objetiva.

ELLOS SABEN PERFECTAMENTE CÓMO FUNCIONA EL TELÉFONO

Mira, esto va así: los hombres y las mujeres no se comportan de la misma forma. Las mujeres son multitarea; tú puedes redactar un informe, tener puesta una lavadora, mantener una llamada a tres bandas y todavía reservar un pequeño hueco en tu cerebro que te dice que han pasado veintinueve horas y treinta minutos desde que él te prometió que te llamaría. Así entienden el tiempo las mujeres: cada segundo cuenta. El cerebro de los hombres trabaja de forma mucho más lineal. Se divirtieron en la cita, después se fueron a casa, se durmieron, vieron un partido en la tele, cenaron, después tuvieron un día repleto de trabajo... y de repente es el miércoles cuando finalmente deciden levantar el auricular del teléfono (momento en el cual tú ya te subes por las paredes cada vez que suena). Esto no tiene nada que ver contigo, es la forma de ver el tiempo de los hombres. Hay un abismo entre ambos así que debes aprender a entenderlo para poder aceptarlo con algo de tranquilidad.

Una vez dicho esto, los hombres son muy fáciles de entender; todas las relaciones serias que he tenido comenzaron cuando el hombre llamó cuando dijo que lo haría (al día siguiente). Los hombres no son tan complicados. Si quieren algo contigo, te encontrarán. Lo que nos lleva a...

Otra idea más

Lee la IDEA 51, *Confianza real*, para saber por qué es mejor no tener ninguna relación a tener *cualquier* relación.

¿ES AMOR?

Si han pasado más de cinco días antes de que te llame, entonces probablemente una de las siguientes afirmaciones sea cierta:

- No le gustas de verdad, sólo busca algo de diversión.

- Tiene novia y sólo puede llamar cuando ella sale a visitar a su madre.

- Se tiene a sí mismo por un jugador, y sigue el consejo de alguien que le dijo que jugara duro para que te volvieras loca por él. (Nota: esto también se conoce como abuso psicológico). Es incapaz (o no está preparado) para no asustar a su pareja en una relación.

- Realmente perdió tu número de teléfono y ha recurrido a la Interpol y está desesperado por volver a verte.

La frase

«Los anuncios son la parte más verdadera de cualquier periódico».

THOMAS JEFFERSON

Por supuesto, sentirás la necesidad de volver a verle para saber cuál de las afirmaciones es la correcta. Y si no es ninguna de ellas, excepto la de la Interpol, asegúrate de acudir a la cita con tus zapatillas de correr puestas. Porque si es cualquiera de las otras, te estarás enfrentando con una verdad que no te gustará nada; te sentirás desilusionada, lo que te hará perder al menos un día y luego te llevará unos cuantos meses volver a recuperar la confianza y a creer en los hombres.

¿Cuál es tu duda?

P Justo cuando estoy comenzando a recuperarme, me llama otra vez. Le he invitado a varias reuniones de grupo pero nunca está disponible y justo cuando estoy olvidándole me escribe o me llama. ¿Qué significa esto?

R *Bueno, te has convertido básicamente en «lo que le sube el ego». No hay duda de que no tiene otro romance en perspectiva y quiere saber que estás ahí en caso de necesidad.*

P Pero, ¿por qué hace esto si nunca intenta verme de nuevo?

R *Porque la distancia le proporciona seguridad. Si de repente encuentra a alguien y decide prescindir de ti, no desea sentirse mal consigo mismo por tu causa y por haber jugado contigo. Pero, hazme caso, sólo está utilizándote.*

P Entonces, ¿qué debo hacer?

R *Ignora sus correos electrónicos. Es un jugador y tú no estás sacando nada de su juego excepto confusión, así que bloquea su número en tu teléfono y comienza a buscar a un hombre que piense que eres algo más que un motivo para mejorar su amor propio.*

9

Si te encuentras a ese hombre, ¡corre!

Hay algunos hombres que no tienen remedio. Si te encuentras con uno de ellos y te ves atrapada por su encantadora sonrisa, prueba a imaginar que estáis los dos en un barco salvavidas y sólo hay espacio para uno de vosotros: eres tú o él.

Porque resulta que si es uno de esos hombres, te aseguro que no es de los que piensan que las mujeres y los niños deben salvarse primero.

CÓMO RECONOCER A UN «DEFINITIVAMENTE NO»

Por supuesto, todos tenemos nuestros días malos y a veces no damos lo que suele decirse la «mejor impresión». Si crees que ese comportamiento poco fiable puede ser sólo esporádico, uno de esos días en los que falla el sistema, entonces ponte un tiempo límite y dale una oportunidad. Por otra parte, si él parece encajar en alguna de las descripciones que expongo a continuación, si parece que esa actitud constituye una gran parte de su personalidad y que va a ser así la mayor parte del tiempo, pasa de él.

■ Un hombre que tiene más productos de belleza que tú. No tiene nada de malo que cuide su apariencia externa pero no debería gastarse en ello el 50% de su salario.

- Alguien que usa la calculadora de su teléfono móvil para dividir la cuenta del restaurante y saber cuánto os toca pagar a cada uno. O una calculadora convencional.

- Un hombre que asume que está bien llevar a sus amigos cuando tú le has invitado a la fiesta de unos amigos, a una cena o a conocer a tus padres...

- Un hombre que todos los días después del trabajo se queja de que está agotado al llegar la noche o en cualquier ocasión en que le pides que haga algo con tus amigos. Esto es egoísmo de la peor clase: disfrazar su vaguería reprochándote que le pides demasiado.

Una buena idea

¿Te resultan familiares este tipo de hombres? ¿Tienes un record en «definitivamente no»? Pues necesitas dar un serio repaso a las elecciones que estás haciendo y cambiar tus respuestas. Siéntate en algún lugar tranquilo y relajante y pregúntate qué hiciste en respuesta a sus estúpidos comportamientos (quizás los aceptaste o quizás rompiste a llorar). Ahora visualiza una salida más agradable, una en la que actúes con dignidad y puedas expresarte tal como eres. ¿Ves lo bien que sienta? La próxima vez que te encuentres en una situación similar recuerda ese sentimiento y actúa de acuerdo con él. Es más sencillo de lo que piensas.

- Cualquier hombre que te diga «te quiero» en la primera semana de conocerlo. No puedes tomar en serio eso de alguien que ni siquiera sabe tu segundo apellido.

- Alguien que convierte el infantilismo en una forma de arte. Es gracioso hasta que te das cuenta de que no puede pagar su parte del alquiler o se olvida al niño en el autobús.

- Un «raramente disponible». Nadie está *tan* ocupado. Un hombre que no suele estar disponible es porque tiene a alguien más o porque no le interesas demasiado.

Idea 9. Si te encuentras a ese hombre, ¡corre!

- Cualquiera que tenga una relación. Si realmente crees que es el hombre adecuado, entonces pídele que vuelva una vez que esté libre. Si tiene que ser, se liberará e irá a buscarte.

- El ex de tu mejor amiga, su padre o su actual novio.

- Cualquiera que deje pasar semanas sin que estéis en contacto. Para ser sinceros, lo único que busca, tu sabes, es un «desahogo», y eso es lo que tú eres.

- Cualquiera que piense que serías perfecta si cambiaras unas pequeñas cosas por él...

Otra idea más

Encontrarás más herramientas para saber si le gustas de verdad en la IDEA 11, *¿Está interesado en mí?*

¿ERES LIBRE?

En ocasiones, la gente piensa que está buscando una relación cuando lo que desea realmente es una forma de llenar su tiempo, entretenerse o conseguir algo de comodidad y de sexo. Y no hay nada malo en esos deseos, a menos, por supuesto, que tú seas la receptora de los mismos y que esperes algo más. Puedes, naturalmente, preguntarle de forma directa a la otra persona qué es lo que quiere, pero puede que no sea lo suficientemente honesta contigo o que ni siquiera sea consciente de sus verdaderas motivaciones.

La frase

«Los niños siempre serán niños, aunque se hayan convertido en hombres de mediana edad».

KIN HUBBARD, DIBUJANTE

Así que no te quedará más remedio que utilizar un poco tu sentido común y emitir un juicio. Un chico que sólo quiere verte dos veces en semana puede que quiera tomárselo con calma o que no tenga planes de futuro. Intenta adelantarte preguntándote claramente, de forma adulta y sin gimotear, qué es lo que te gustaría (quizás sólo tres noches a la semana serían suficientes). No te explayes en tu explicación; si le gustas y quiere conservarte te entenderá enseguida y contestará en el mismo tono adulto. Si quiere que las cosas sigan como él desea, intentará que te sientas como una simplona y una pedigüeña (espero que no lo seas; si es así pide ayuda). Si se comporta así, es el momento de dejarlo plantado.

¿Cuál es tu duda?

P   Lo pasé muy bien con un chico al que estuve viendo durante un par de meses; siempre me preguntaba cuándo volveríamos a vernos y hablaba de mí como si fuera su novia. Pero cuando el otro día traté de comentar con él un problema de trabajo se quedó callado. Al día siguiente me envió un e-mail diciendo que le encantaba pasar el tiempo conmigo pero que debía lidiar con mis propios problemas así como él hacía con los suyos. Estoy un poco confusa. ¿Qué opinas?

R   *Ummm, asumiendo que no eres una quejica insoportable, haces bien en esperar que él charle contigo de lo que ocurre en tu vida. Él es un perfecto ejemplo del «no disponible». Necesita aceptar que eres un ser humano tridimensional y no una chica del coro. En fin, que tiene que estar dispuesto a compartir los malos momentos de la misma forma que comparte las risas.*

P   Entonces, ¿qué hago ahora?

R   *Explícaselo con claridad y comprueba si sólo ha sido un poco desconsiderado o se le ha ido ligeramente la cabeza (todo el mundo tiene la crisis de los tres meses, es normal). Si insiste en que está siendo razonable, asiente con encanto y lárgate. Lo que busca es alguien que llene el compartimiento «novia» y no una relación real y recíproca. También puedes decidir quedarte, pero no tendrás más remedio que ajustarte al guión que él quiera establecer.*

10

Hacerlo rápido

El mundo moderno se mueve a gran velocidad y el ejemplo perfecto de esto es el fenómeno de las citas rápidas.

Más que una tentativa desesperada por encontrar el amor, para la gente estresada por sus infinitos compromisos es una forma eficiente de gestionar el tiempo y de tomar el control de su situación romántica.

Las ventajas son obvias. No tienes que explicar tu agenda, ni romper el hielo, ni siquiera asegurarte de si habrá algún hombre soltero y disponible en la habitación (aunque, desde luego, tampoco garantizan nada, como en ningún otro tipo de cita; puede que estés sentada enfrente de un hombre casado que tiene tres niños, así que mantente alerta). Pero también es una forma estupenda de mantener ágil tu músculo del coqueteo: ¿con qué frecuencia tienes la oportunidad de hablar con veinticinco hombres solteros en la misma noche?

ENTONCES, ¿CÓMO FUNCIONA ESTE ASUNTO?

Un grupo de solteros con el objetivo de conocer a otra gente disponible acude a un evento organizado en un sitio a una hora concreta. Se sientan en sillas, normalmente unos enfrente de otros y siguen una estricta organización temporal (que incluso puede incorporar silbatos) de ciclos de aproximadamente siete minutos. Durante ese tiempo, se espera que charléis sobre vosotros y decidáis si existe la suficiente química como para ir un poco más lejos. Los distintos organizadores tienen reglas diferentes; algunos no te permiten hablar sobre tu trabajo, salario o edad para fomentar que os mantengáis con la mente abierta y preguntéis sobre cosas más creativas e interesantes. (Con frecuencia tampoco te permiten comentar detalles más íntimos, como direcciones o apellidos con el objetivo de mantener a salvo a todos los participantes). Cuando suena el silbato, debes moverte y comenzar con la siguiente persona que te toca incluso aunque lo que desees sea escribir «mío» con una barra de labios en la frente del tipo. Cuando termina el frenesí, te pasan un sobre que contiene cartas con los nombres de las personas que están interesadas en verte de nuevo y te ofrecen la oportunidad de encontraros en un lugar menos concurrido.

Una buena idea

Prueba a ir a este tipo de sitios sola o con un amigo no muy íntimo; tener a tu mejor amiga en la mesa de al lado puede cohibirte, especialmente si ella intenta que salte la chispa con el chico que más te gusta. Si te atemoriza acudir sola, lleva a una compañera de trabajo o a alguien del gimnasio de la que sepas que también está soltera y sin compromiso. Asegúrate de que no os sentáis demasiado cerca y acordad que os encontraréis cuando todo termine. Esa distancia natural entre las dos evitará que la arrastres por el suelo y la llames «zorra» cuando ella sea la que consiga el número del hombre que a ti te gustaba.

SACA EL MÁXIMO PARTIDO A TUS SIETE MINUTOS

De manera que tienes un tiempo limitado para impresionar y necesitas actuar con rapidez. La primera forma de causar impresión es la forma en que vas vestida. Probablemente, estés sentada detrás de una mesa por lo que no será muy útil que te pongas una microfalda (colgar las piernas en el respaldo de la silla no causaría muy buena impresión...). Concéntrate e sacar lo mejor de tus mejores rasgos y esto incluye que les prestes una especial atención. Asegúrate de mantener el contacto visual, sonríe y tócate la cara; todas éstas son maneras de lograr que alguien se sienta, y te encuen-

tre, atractivo. Consigue que tus preguntas hagan hablar a la otra persona porque necesitas algo de información con la que poder trabajar; evita las que puedan contestarse con un simple sí o no. Saca provecho de sus respuestas; si te dicen que les encanta salir fuera, pregunta a dónde prefieren ir, o pide alguna recomendación o que te sugieran algún lugar. Si te gusta alguien, coquetea con discreción, no de forma desesperada, por favor. Y no te sientas presionada para responder nada que no desees.

Otra idea más

La IDEA 6, *Demasiada información*, contiene grandes sugerencias para asegurarte de no cometer un error fatal despidiéndote demasiado pronto.

Si te encuentras con un hombre con el que no conectas, lo que seguro que ocurrirá en algún momento, actúa con generosidad. Sé sensata y consigue que la otra persona se sienta cómoda; sólo son unos pocos minutos y sería muy destructivo para la autoestima del otro que te levantaras antes de tiempo; así que ten preparadas algunas preguntas de relleno que sean sencillas, del tipo ¿tienes algún hermano o hermana?

UNA NUEVA VUELTA DE TUERCA A LA RAPIDEZ

Si este método es demasiado directo para ti, existen ahora algunos clubes nocturnos para solteros que crean un ambiente abierto y agradable para que las personas puedan charlar. En ellos, colocan tu foto en un gran tablero en el cual los interesados pueden dejar sus datos. Visita Internet o los anuncios de tu ciudad para encontrar este tipo de eventos.

La frase

«Los encantos de una mujer que pasa a tu lado normalmente son directamente proporcionales a la velocidad de su paso».

MARCEL PROUST

¿Cuál es tu duda?

P Estaba pensando en probar esto de las citas rápidas pero creo que me voy a quedar en blanco. No estoy segura de poder venderme en sólo siete minutos. ¿Puedes ayudarme?

R *No tienes que venderte necesariamente, especialmente si eso representa no mostrarte como eres en realidad. Si eres tímida, entonces bromea y observa cómo responde la gente. No todo el mundo busca una bomba sexual.*

P Pero habrá mucha competencia, ¿no?

R *No es una competición. Es una forma de conocer mucha gente en poco tiempo. Esto no va de atraer a la gente a tu guarida aunque no seáis compatibles, sino que se trata de darte a ti misma la oportunidad de conocer a más gente de la que conoces ahora para comprobar si hay conexión. También es para pasar un rato divertido. Así que no pienses en tu felicidad futura y diviértete; lo peor que te puede pasar es que te aficiones a esta práctica.*

11

¿Está interesado en mí?

¡Bien! Has encontrado a alguien que te gusta. Ahora sólo queda saber si a él le gustas tú también.

Si simplemente mostrara un poco de interés... Bueno, relájate. Leer las señales es más sencillo de lo que piensas.

Puede ser que él no piense en ti de *ese* modo, pero de cualquier forma debe de estar pensando si da el paso y qué tipo de respuesta recibirá si finalmente se atreve a acercarse.

Según afirman los expertos en lenguaje corporal, las mujeres poseen cincuenta y dos signos para mostrarle a un hombre que están interesadas en él; los hombres sólo utilizan diez... Aprender a reconocerlos constituye un método de valor incalculable para saber si eres deseable para alguien y puede evitarte parte de la agonía de la duda. Por supuesto, algunos de estos signos pueden tener diferentes significados; si te tocas la cara puedes estar mostrando que alguien te gusta o que simplemente todavía no tienes una opinión clara sobre él. Esto sucede porque tienes que  descifrar estos signos dentro de un contexto, junto con otros signos como el contacto visual y lo que te digan en voz alta. Pero no pasará mucho tiempo antes de que domines los entresijos.

Prueba a imitar sus accio... ...elo de una forma parecida o adoptar una po... ...pie con su entrepierna ligeramente adelanta... ...o). Es una buena forma de dejarle saber que ... ...esada. Así le envías vibraciones inconscientes que sig... ...«sí, por favor».

Si quieres estar segura de que no vas a meter la pata haciéndole saber que puede acercarse, observa detenidamente estos signos:

- *Te está mirando a ti, nena.* Hay cosas que un hombre hace incluso antes de saber si le gustas o no. Puede que levante una ceja, que abra ligeramente la boca mientras te mira o incluso puede separarse de su grupo de amigos para parecer más disponible. A lo mejor no está teniendo ni un pensamiento sexy todavía, pero su cuerpo se adelanta a su cerebro.

- *¿Coqueto?* Comienza a juguetear con su corbata, se sube los calcetines o se pasa las manos por el pelo. Con todos estos gestos está intentando atraer tu atención, pero también es una forma de arreglarse un poco: sí, los hombres son coquetos. ¿Hace cualquiera de estos gestos repetidamente o los tres a la vez? Si fuera un pavo real, sería el equivalente al despliegue completo de su cola.

- *Comprueba las pautas masculinas.* Sí, incluso el más refinado de los hombres comienza a actuar de forma primaria cuando ve cerca la obtención de lo que quiere. Puede que se siente con las piernas abiertas, para que aprecies la potencia de su entrepierna, que se coloque las manos sobre el pecho o en las caderas o quizás se acerque a tu espacio físico.

- *Las cosas se aceleran.* Entra dentro de lo posible que juguetee con un cenicero, que fume o beba más (¿no lo hacemos todos?) o que se acaricie la ropa. Todo está dirigido a tener las manos ocupadas mientras que por su cabeza fluyen un montón de imágenes de actividades en las que tú participas de forma activa.

■ *Alerta ante el comportamiento caballeroso.* Así que ahora que finalmente has captado toda su atención y él se ha acercado a tu órbita, los siguientes gestos protectores y «posesivos» son clave para hacerte saber a ti (y a los otros hombres) que está interesado en ti. Puede pasar el brazo por el respaldo de tu asiento, traerte las bebidas o poner su chaqueta sobre tus hombros para que no tengas frío. Éste es el lenguaje corporal equivalente a marcarte a fuego y a poner sus iniciales en tus cuartos traseros.

Otra idea más

Lee la IDEA 17, *Vestida para el éxito,* para aprender cómo llamar su atención desde el principio.

■ *Signos de vacilación.* Puede que esté indeciso sobre si le gustas o no, intentando tomar una decisión, en cuyo caso tendrás que trabajártelo un poco más. Observa si se acaricia ligeramente la oreja (lo que significa indecisión), si se estruja la barbilla o se lleva la mano a la mejilla (lo que significa que está pensando sobre la situación).

Y finalmente:

■ *Déjalo.* Si hace cualquiera de las siguientes cosas, debes soltar amarras. Si tiene los brazos cruzados significa una actitud defensiva y si se frota la nariz quiere decir que puede estar mintiéndote o rechazándote. Pellizcarse el puente de la nariz es una señal de que la evaluación ha sido negativa y si cruza las manos en su espalda quiere decir que está sintiendo agresividad o frustración.

La frase

«El amor es el irresistible deseo de ser irresistiblemente deseado».

Robert Frost, poeta

¿Cuál es tu duda?

P Me gusta un compañero de trabajo y creo que yo le gusto a él, pero ¿la fastidiaré si pruebo a dar el siguiente paso? ¿No odian los hombres a las mujeres agresivas?

R *Quizás a las agresivas sí, pero no a las valientes. Aprender cómo usar y leer el lenguaje corporal sirve para permitir que la gente sepa cómo te sientes sin necesidad de expresarlo con palabras. Realmente puedes encontrar formas de hacer a alguien saber que estás dispuesta sin tener que poner un enorme anuncio en el periódico local.*

P ¿Como cuáles?

R *Bueno, el viejo truco de las miradas. Es la mejor forma de lograr que alguien se sienta deseado. Estudios recientes demuestran que las personas que están «enamoradas» mantienen el contacto visual mucho más que la media y puedes falsificar esta sensación para que parezca que lo hace por propia voluntad. Mírale a los ojos y mantén la mirada y él será incapaz de mirar hacia otro lado, a menos que le lances una mirada asesina, claro, lo que seguramente provocaría que cambiara su puerta de entrada por una blindada.*

12

Tener suerte y buscar la suerte

¿Tienes amigos que parecen deslizarse suavemente por la vida, gente de la que todo el mundo dice que ha «nacido con suerte», mientras que a ti nada parece salirte bien?

Estudios recientes demuestran que hay una gran diferencia entre la «suerte» y la «oportunidad». Y puedes modificar las cosas para que se muevan a tu favor.

La oportunidad es una de esas cosas que te pasan sin que tú hayas intermediado, como una enfermedad hereditaria o encontrar un billete de cincuenta euros en la calle. Pero la suerte es algo que tú puedes generar, organizando tu vida de forma que maximices cada una de las oportunidades que se presenten. Así que olvídate de dejar tu vida romántica en manos del destino y asegúrate de que cuando la buena suerte pase por tu lado estarás preparada para no dejarla escapar.

REAJUSTA TU CABEZA

La primera cosa que debes hacer es modificar la percepción que tienes de ti misma como de «poco afortunada». La mayoría de las personas pueden mejorar sus oportunidades reprogramando sus mentes para pensar que son afortunadas; eso significa que esperas que te pasen cosas buenas, que reconoces las oportunidades en cuanto se te presentan y que dejas de participar en las buenas ocasiones porque crees que es demasiado bueno para que te pase a ti. Puede que el cartero sea tu príncipe azul, pero abrirás la puerta todas las mañanas sin ni siquiera mirarle porque has decidido que el amor no es una cosa que vaya a cruzarse en tu camino.

Una buena idea

La «reestructuración» es una técnica que los terapeutas emplean con frecuencia para ayudar a sus clientes a conseguir una perspectiva más positiva. Colocas una determinada experiencia en otro marco que encaja con los «hechos» de la misma situación concreta igual o incluso mejor y, de ese modo, cambia por completo su significado. Parece un poco complicado, pero no lo es tanto; vamos a verlo con un ejemplo. Si has vivido una mala relación que ha minado tu confianza, en lugar de pensar que nunca te recuperarás, intenta pensar que eres afortunada de haber vivido esa experiencia ya que te permitirá realizar una mejor elección la próxima vez. Quizás te sientas poco natural al principio, pero muy pronto lo normal en ti será ver el lado positivo de las cosas.

Comienza por resistir la tentación de revivir tus preocupaciones y fallos del pasado. Eso puede agriar tu carácter. Las personas con suerte ven las cosas con perspectiva, buscan formas de darle la vuelta a los desastres y saben que se presentarán las oportunidades que necesitan para obtener lo que quieren de la vida. Cuando las cosas se miran de forma positiva, incluso las cosas más pequeñas como encontrar aparcamiento mejorarán tu espíritu: te ayudarán a sentir que tienes el control de la buena suerte. Si te parece muy complicado de hacer, apúntalo en tu calendario o en una libreta y observa con qué rapidez comienzas a ver las cosas de otro modo.

TRANSFÓRMATE EN UNA MARIPOSA SOCIAL

Las investigaciones muestran que las personas afortunadas tienen redes sociales mucho más amplias y son buenas en eso de conocer gente nueva. Así que muéstrate amigable. En las bodas, por ejemplo, sé la primera en preguntar a todo el mundo de tu mesa sus nombres y si son amigos del novio o de la novia; esto no sólo conseguirá que hagas relaciones sino también que todo el mundo te agradezca que hayas roto el hielo. Puedes

hacerlo de forma más sencilla si pareces afortunada. Las personas afortunadas son optimistas que esperan la buena suerte, lo cual puede apreciarse por la forma en que se comportan. Si esto no te sale de forma natural, puedes actuar; imitar su lenguaje corporal te conducirá rápidamente hacia el éxito. Así que evita cruzar los brazos, los hombros caídos y la falta de contacto visual que mantiene alejada a la gente. Sé abierta, mira hacia arriba y alrededor: ¿Cómo vas a atraer la suerte en el amor si ni siquiera te atreves a mirar a ese chico tan guapo en el bar?

Otra idea más

La IDEA 51, *Confianza real*, te mostrará cómo convencer a tu cabeza de que eres una persona con suerte.

LO SABES, ¡CLARO QUE LO SABES!

Aprender a confiar en tus instintos aumentará tu confianza y te ayudará a creer en tu capacidad de elegir lo que es bueno para ti. Aprenderás a manejarte entre el «conocimiento duro» que son los hechos, y el «conocimiento blando» que es el sentimiento que esos hechos te provocan y así podrás basar tus decisiones en ambos. Si sientes que algo es correcto pero no puedes tomar una decisión, escribe los pros y los contras y comprueba si el resultado encaja con lo que sientes. Probar también te ayudará a construir tu confianza ya que asumir riesgos es esencial para obtener lo que quieres. ¿Todavía encuentras complicado dar el salto? Prueba a leer unas cuantas biografías de estrellas o a ver películas sobre sus vidas y así comprobarás cuántas personas «exitosas» han luchado durante años antes de conseguir lo que querían y también aprenderás que la vida tiene sus subidas y sus bajadas. La única cosa en la que puedes confiar es en que, con suerte, todo cambiará.

La frase

«¿Cómo puedes decir que la suerte y la oportunidad son la misma cosa? La oportunidad es el primer paso que das, la suerte es lo que viene justo después».

AMY TAN, NOVELISTA NORTEAMERICANA

¿Cuál es tu duda?

P Todo esto suena genial pero no puedo evitar pensar constantemente que soy una persona sin suerte. ¿Qué puedo hacer?

R *Tienes que cambiar el chip y estar preparada para buscar lo bueno.*

P Pero ése es el problema, me siento falsa. ¿Cómo lo hago?

R *Por supuesto que al principio te sentirás así, es natural resistirse al cambio. Si sientes que retrocedes y te preocupas por parecer tonta o perdida, créate tu propio mantra de la suerte. Empieza y termina el día repitiendo una frase que te haga sentir positiva como «Las cosas van a salir justo como yo quiero» o «Puedo tener éxito en cualquier cosa que intente». Muy pronto esa frase se filtrará a tu subconsciente y comenzará a formar parte de la forma en que te percibes a ti misma y será una parte natural de tu interacción con los demás.*

13

Mantén abierta la caja de los novios

Una gran parte del mundo de las citas se basa en estar disponible. Sí, ya sé que suena obvio...

Pero hay muchas formas en las que puedes decir «Estoy libre» a pesar de que estés en el lugar menos indicado para tener una relación como, por ejemplo, en el otro lado de la luna.

Uno de los grandes enemigos de la posibilidad de encontrar a alguien, o algo, es la «caja de los novios».  La «caja de los novios» puede definirse básicamente como el espacio de tu vida en que el romance encaja y, guau, las mujeres son expertas en llenarla de cosas, desde zapatos hasta de chicos imposibles, sin ni siquiera darse cuenta de ello. Incluso aunque en tu subconsciente pienses que estos sustitutos son inofensivos, te estás mostrando básicamente como no disponible a las posibles parejas. Quizás no sean capaces de ver la caja de los novios, pero pueden darse cuenta de cuándo está llena...

Una buena idea

Haz un buen repaso a las relaciones que tienes en tu vida y considera cómo interactúas con cada una de ellas. Si tienes algunos amigos con los que siempre te acurrucas en una esquina, maldiciendo sobre vuestros trabajos, quizás esos no sean los más adecuados para ir de copas con ellos. Con esas personas debes ser un poco más abierta y dejar claro que quieres conocer a alguien y que te gustaría aumentar tus posibilidades actuales. Quizás esto signifique que tienes que hacer algunos cambios como explorar otros lugares, por ejemplo. Si vas siempre a los mismos bares y siempre ves las mismas caras, entonces piensa en sugerir que vayáis a otros sitios o probéis alguna actividad nueva que te ayude a conocer gente. De esa forma, podrás pasar el tiempo con la gente que quieres y a la vez hacer el esfuerzo por conocer a más personas.

¿QUÉ HAY EN LA CAJA?

Bueno, nosotras las mujeres somos estupendas en eso de mantener nuestras vidas llenas y realizadas. Las investigaciones muestran que las mujeres solteras son mucho mejores creando redes de contactos y comprometiéndose en actividades sociales reconfortantes que los hombres homólogos. El único problema que presenta esta habilidad es que a veces entre el gimnasio, las cenas con las amigas y las copas después del trabajo te quedas sin tiempo para ir a esos sitios donde los hombres desconocidos y solteros pueden estar esperándote. Y a veces las personas están tan ocupadas intentando encontrar un hueco en su agenda que no dejan espacio para que la oportunidad pueda presentarse. Tienes todo tan lleno que a menos que se ponga delante de ti un hombre de dos metros de alto y de un metro de ancho, simplemente no lo verás. Si hace un tiempo que no conoces a nadie, párate a analizar qué aspectos de tu estilo de vida constituyen una parte vital de tu naturaleza (los masajes, tu clase de yoga) y de cuáles puedes prescindir para poder hacer un mejor uso de tu tiempo (en vez de un partido individual, ¿por qué no uno mixto en un club de pádel?).

MEDIO NOVIOS

Muchos de nosotros tenemos a alguien que encaja en esta categoría y los medio novios pueden tomar muchas formas. Puede ser el «sexo de mantenimiento» al que recurres cuando estás aburrida y con necesidad de algo de cariño sin ataduras, o la figura de un esposo gay que es tu escolta permanente en las bodas y en las fiestas y con el que te posicionas en la esquina para poner verde al resto de los invitados y a sus trajes en vez de mezclarte con ellos. Son buenos acompañantes, te puede parecer, pero lo cierto es que roban demasiada energía; es normal que te divierta la atención y el apoyo que te ofrecen, pero asegúrate de que esas «parejas» variadas no bloquean tu vista de forma que no puedas encontrar esos hombres solteros verdaderamente disponibles.

Otra idea más

Bueno, estás disponible e interesada. Asegúrate de que él también lo está leyendo la IDEA 11, *¿Está interesado en mí?*

CUANDO EL PASADO TODAVÍA ES PRESENTE

Uno de los métodos clave que tenemos de sabotearnos a nosotros mismos cuando buscamos conocer a alguien nuevo es mantener el pasado como si fuera el presente. Si comparas a todo el mundo con tu ex, todavía lees su horóscopo en el periódico o pronuncias su nombre más que la conjunción «y» quiere decir que no podrás meter nadie nuevo en la caja de los novios, porque resulta que todavía está llena. Quizás sientas realmente que no hay nadie en el mundo al que puedas querer más o que nunca encontrarás a nadie con el que conectes de la misma forma, pero la realidad es que la mayoría de las relaciones que terminan tienen buenos motivos para hacerlo. No existen normas o formas «normales» de apenarse por la pérdida de una relación, pero si cuatro años después todavía te sientes incapaz de dejarlo ir debes pensar en visitar a un consejero. A veces utilizamos una relación pasada como excusa para no conocer a gente nueva porque en realidad tenemos miedo de asumir un riesgo o estamos asustados porque ciertas cosas no funcionaron y no queremos sentir ese dolor de nuevo. Si quieres que tu vida dé un paso adelante, al menos tienes que hacer el intento.

La frase

«Es la confianza en nuestros cuerpos, nuestras mentes y nuestros espíritus lo que nos permite continuar buscando nuevas aventuras, nuevas direcciones en las que crecer y nuevas lecciones que aprender. En eso es en lo que consiste la vida».

OPRAH WINFREY, COMUNICADORA

¿Cuál es tu duda?

P No creo que esté haciendo ninguna de esas cosas, pero todavía no he conocido a nadie. Me cuido mucho, voy al gimnasio y visto bien pero me siento invisible. ¿Qué piensas?

R *Quizás estás encontrando el consuelo en el más viejo amigo del género femenino: el plástico. ¿Vas de compras cada vez que te sientes sola?*

P Ummm. Bueno, trabajo muy duro y pienso que me merezco un par de zapatos caros para recompensarme. Eso hace que me sienta más atractiva y más alegre. ¿Qué hay de malo en ello?

R *Quizás consiga que te sientas más atractiva pero estás obteniendo tu felicidad del calzado, así que estás llenando tu caja de los novios con stilettos. Acepta que te gustaría conocer a alguien y vive con ese sentimiento; no hay nada de lo que tener miedo y te mantendrá centrada en tu objetivo.*

14

Dale al pasado el lugar que le corresponde

¿No sería fantástico si cuando terminaras una relación pudieras simplemente borrarla de tu cabeza?

O, todavía mejor, si pudieras enviar a tu ex, a todos sus amigos, a su familia e incluso a su jefe a otro país...

Pero, desgraciadamente, la realidad es que el pasado puede aparecer por sorpresa con una monótona regularidad. Esto está bien. Si tienes suerte, hablar con el mejor y egocéntrico amigo de tu ex te servirá para recordarte una de las razones por las que decidiste cortar con él; además, a medida que te alejas de él podrás hacer un brindis silencioso contigo misma y reírte un poco en vez de quedarte al borde de las lágrimas. Pero si no eres tan afortunada, puedes encontrarte con que el proceso de comenzar de nuevo te resulta extremadamente complicado, a pesar de cuánto deseas  ese cambio. Existen unos pasos básicos a seguir para decir adiós y debes tener siempre presente que ya seas la herida o la que la ha provocado, debes permitirte un tiempo de recuperación.

Una buena idea

¿Te sientes herida o deprimida? Intenta practicar algún tipo de interacción humana sin esperar nada, como unas clases de idiomas, de cocina o incluso un curso de *rafting*. Esto posibilitará que dejes de hablar a tus amigos constantemente de él y te recordará que hay cientos de personas en el mundo a las que todavía no has conocido. Ponte la norma de que no hablarás de él durante ese tiempo. Tu cerebro necesita algo de descanso y esto te ayudará a calmar tu ansiedad.

OLVIDA LO DE SER AMIGOS

No importa lo amigable que fuera la relación o lo suave que haya sido la ruptura: es prácticamente imposible cambiar la forma en que te relacionas con una persona sin que hayáis pasado algún tiempo separados. E incluso si estás segura de que no terminarás cayendo en ese agradable sexo con tu ex, puedes sorprenderte a ti misma volviendo a reflexionar sobre la ruptura (la cual normalmente ocurre por una buena razón) y antes de que te des cuenta perderás los dos años siguientes en un *ping-pong*, ahora lo tomo ahora lo dejo, que anulará la voluntad de vivir de ambos.

HACER DE LA RELACIÓN UNA FANTASÍA

Lo estupendo del pasado es que sueles mirarlo con lentes de color de rosa. Tan pronto como empieza a remitir el dolor de la ruptura, está garantizado que todos los buenos recuerdos resurgirán ante tus ojos como si fueran una película de Hollywood. Necesitas protegerte de este estado ilusorio elaborando una lista de los peores momentos con él, de sus peores defectos y de sus hábitos más desagradables. Si es necesario, pega la lista en el frigorífico o llévala en el monedero, siempre lista para poder sacarla cuando estés a punto de comprar un billete hacia la isla de la fantasía. Asegúrate de que no te permites ni un pensamiento del tipo «qué pasaría si…» o un «si hubiera intentado…». Ponte firme, dibuja un NO en tu cabeza o lee la lista y en cuanto empieces a leerla desearás no haber tenido esas ideas.

BAILA LA «DANZA DE LA MUERTE» DE LA RELACIÓN

Si continuas pensando «qué hubiera pasado si…» deberías hacer la ruptura más formal todavía. Podrías hacerlo escribiendo a tu ex una carta en la que expreses toda tu tristeza y tu frustración (pero no la envíes, repito, no la envíes). También puedes invitar a tus amigas y realizar un ritual de «despedida». El ritual puede incluir hacer una pequeña hoguera y quemar un retrato, o la carta de la que hablamos antes, y en decir adiós. Puede parecer un poco tonto, pero te ayudará a reconocer la tristeza al mismo tiempo que descubres el hecho de que se ha acabado real y definitivamente y que ahora puedes seguir adelante.

Otra idea más

Lee la IDEA 5, *Amor electrónico*, para saber dónde puedes ir para comenzar a ejercitar de nuevo tus músculos del romance.

CREA UNA AMNISTÍA DE INFORMACIÓN

No le preguntes sobre él a amigos mutuos. Cualquier cosa que te digan puede herirte. Si está viendo a otra persona, asumirás que se casará con ella lo cual hará que te sientas fatal (o peor aún, puedes sentirte tentada a llamarlo). Asegúrate de mantenerte lejos de los lugares en los que te lo puedas encontrar. Si no lo haces, montones de sentimientos tristes aflorarán y te encontrarás de nuevo en el punto en el que comenzaste.

La frase

«No deberíamos apenarnos por lo que se ha ido y no puede arreglarse».

WILLIAM SHAKESPEARE

¿Cuál es tu duda?

P ¿Cómo sabes que ha llegado el momento en que puedes comenzar a tener citas de nuevo?

R *Normalmente, cuando puedes salir de casa sin sollozar y cuando dejas de enseñar a completos extraños fotografías de tu ex.*

P De acuerdo, eso ya lo hago. Pero me sorprendo pensando en él cuando estoy con alguien que podría convertirse en una cita. ¿Cómo supero esto?

R *Eso es muy normal. Cuando te encuentras en una situación en la que normalmente habrías estado con tu ex es normal que pienses en él. Pero debes hacer un esfuerzo consciente para sacarlo de tu cabeza. Asegúrate de recuperarte y de centrar tu atención en quien tienes delante.*

P ¿Podría estar usándolos?

R *Los hombres o mujeres de transición son un concepto que viene de tiempos inmemoriales y cualquiera que esté contigo entenderá que quieras que la cosa vaya despacio. Siempre que trates a esa persona con respeto y no la engañes, ambos podéis disfrutar de una distracción agradable y excelente para vuestros egos. No todos los hombres van a ser Don Perfecto, algunos pueden ser el Don Perfecto de Este Momento…*

15

Reconoce las señales de aviso

A veces cuando vuelves al escenario de las citas después de una temporada ausente es difícil saber qué está bien y qué está definitivamente mal.

Está claro que algunas experiencias sobrepasan los límites personales; a ti te puede resultar muy incómodo hablar sobre el pasado, mientras que la otra persona se siente orgullosa de ser tan extrovertida.

Las buenas noticias son que pronto sabrás con lo que te sientes cómoda y con lo que no. Pero, mientras tanto, hay algunas cosas que deben hacerte gritar ¡Taxi! de inmediato. Entre ellas se encuentra la higiene personal y otros signos de respeto básico.

Bueno, una higiene correcta es un tema básico de respeto. Para ti es importante en el momento de la cita, pero también es una pista para medir la autoestima de la otra persona. Si tu cita aparece mal vestido, con un aliento horrible y el pelo sucio, quizás es porque (para su horror) se encontró con que las duchas del gimnasio no funcionaban. Pero, cuidado, también puede significar que la cita no le importa mucho o que se encuentra un poco deprimido, o simplemente que es un tipo vago. Si lo que quieres es trabajar en un proyecto, tienes una vocación frustrada de enfermera o careces por completo de sentido del olfato, desde luego puede que sea tu hombre. Para todas las demás: tomad vuestro abrigo y ¡corred!; él no os merece.

Una buena idea

Si no te gusta el comportamiento de alguien o si te das cuenta enseguida de que esa persona nunca tendrá la oportunidad de una segunda cita, entonces es mejor que acabes con el sufrimiento lo antes posible. La clave está en irte con dignidad; no hay necesidad de herir gratuitamente los sentimientos de nadie. Si habías planeado una cena, puedes acortarla evitando los postres o los entrantes, y si habías quedado para una copa, puedes decir que habías olvidado que tienes que ir a una fiesta de cumpleaños. Hagas lo que hagas no te tortures a ti misma ni a él conservándolo como alguien a quien llamar en caso de emergencia. Las oportunidades son para eso: si no está funcionando para ti, seguramente tampoco sea agradable para él, así que si piensas que puedes arriesgarte, puedes hacer una broma y despedirte de forma amigable. Alternativamente, si se está comportando como un completo y definitivo idiota, haz lo que te apetezca: una buena patada en su ego beneficiará a muchas mujeres.

En la misma línea, hay otra serie de comportamientos fundamentales que te pueden dejar claro que has quedado con un caballero. Una buena señal es cómo ha organizado la cita, si ha escogido un restaurante o un bar adecuados. Aunque es cierto que muchos hombres agradables no toman la iniciativa (y que algunos de los que lo hacen están locos de atar), es un buen signo que se tome la cita en serio. En segundo lugar, ¿ha llegado puntual? Un hombre que te deja sentada en la barra de un bar durante media hora puede ponerte de los nervios; aunque tenga una excelente excusa, debes ser cautelosa. Puede estar intentando minar tu confianza y  ponerte nerviosa para así disponer de un poco de ventaja. Que alguien pierda el autobús no significa que sea un sociópata, pero debes hacerte una nota mental por si ese tipo de comportamiento se repite a medida que avanza la relación. Puede resultar excitante en la etapa de «llamará o no llamará», pero muy pronto se convertirá en algo tedioso.

Idea 15. Reconoce las señales de aviso

Un viejo tópico, que surge en todas las parejas en algún momento, es si a cualquiera de los dos se le van los ojos. No puede definirse exactamente como educado el hecho de mirar a otras personas, sobre todo si éstas no son tu cita.

Está bien echar una mirada general a la habitación, pero si tienes que arrastrar tu silla una y otra vez para entrar en su campo de visión, escabúllete con cuidado mientras él está mirando a otro sitio. Cinco horas, la duración media de una cita nocturna, es tiempo suficiente para que alguien te mire a los ojos. Y si él piensa que es «excitante», te diré que no lo es en absoluto; esto no se trata de ser un *playboy*, es más bien un problema de déficit de atención. Es probable que le tire los tejos a tu hermana la primera vez que lo lleves a casa. O incluso a tu abuela. Tampoco es buena señal que hable de otras mujeres. Tienes que estar alerta ante cualquier hombre que termine todas sus frases con un comentario desagradable o demasiado agradable sobre su ex o, más preocupante aún, sobre su madre. Sólo la misoginia recalcitrante es una cualidad peor, sobre todo si te pide a ti que te disculpes por el terrible comportamiento generalizado del género femenino.

Otra idea más

¿Piensas en beber para superar el dolor? Lee la IDEA 22, *Mensaje en una botella*, para descubrir por qué no es una buena idea.

Una nueva forma de ofensa, producto sin duda de nuestro mundo cambiante y tecnológicamente avanzado, viene en forma de teléfono móvil. Puede que intente impresionarte porque recibe muchas llamadas de amigos o mensajes con bromas graciosas o puede que no sea capaz de actuar sin su constante aprobación. En cualquier caso, está mostrando una tremenda falta de madurez, así que plantéate decirle que te llame cuando haya crecido un poco.

La frase

«Detrás de cada idiota, hay una gran mujer».

JOHN LENNON

¿Cuál es tu duda?

P Quedé con un hombre que me gustaba mucho pero mencionó el mucho dinero que ganaba casi al principio de la cita, lo que me pareció un tremendo error. ¿Debo olvidarme de él?

R *Decirte el dinero que gana puede ser un signo de que le gustas y de que estaba un poco nervioso. ¿Cómo fue el resto de la cita?*

P Genial. Es muy divertido y me pareció bastante sensible. ¿Qué opinas?

R *Confía en tu instinto. Si es perfecto en todo, puedes pensar que ¡a lo mejor es un android! Si no estás segura, concierta una segunda cita, ¿qué tiene de malo? Las señales de aviso deben hacerte más prudente, pero no más radical. Otra buena regla es que si no lo tienes suficientemente claro, quizás es porque todavía no dispones de todos los datos que necesitas.*

16

Citas a ciegas

Las citas a ciegas constituyen una estupenda manera de volver a la rueda de las citas o de animarte un poco si tu lado romántico está un poco adormecido.

Incluso si tu intención no es encontrar a alguien que sea permanente, sigue siendo una buena forma de recordarte a ti misma que hay por ahí gente interesante sin tener que llevar a cabo todo el proceso.

Antes de acudir a una cita a ciegas, quizás te venga bien intentar organizar una, ya que te proporcionará algo de soltura y te enseñará cómo funcionan las cosas. Es un método excelente para que cambies el chip, así que dale una oportunidad.

JUGAR A SER CUPIDO

El hecho de examinar detenidamente a tus amigos masculinos, esos hombres a los que nunca has considerado de forma sentimental, puede ayudarte a ver qué te gusta en un chico; pero si estás organizando una cita a ciegas para otra persona, asegúrate de que no confundes tus sentimientos con los suyos. Tu preferencia por un amor natural, por el tipo «carpintero», puede no casar muy bien con el gusto de tu amiga por los cócteles. Una vez dicho esto, no debes abandonar la idea tan rápidamente; asegúrate de preguntarle lo que prefiere en el momento actual: quizás siente que ha llegado el momento de colgar los taconazos y de irse a vivir a una cabaña de madera. No des cosas por supuestas...

Una buena idea

Si piensas que una cita a ciegas entre dos amigos tuyos sería genial, pero uno de los dos se resiste a acudir, siempre puedes sacar la varita mágica. Organiza un plan, como una cena o unas copas después del trabajo, en donde se puedan encontrar de forma «casual». No invites a mucha gente, no vaya a ser que terminen la fiesta sin haberse conocido y tengas que empezar desde el principio (no vaya a ser que tengas que convertirte en una «celestina» a tiempo completo). Y no olvides que algunas personas son muy introvertidas, y no les gustará que se conozca el plan públicamente. Siempre puedes considerarte a ti misma como una sigilosa «hada madrina».

Por otra parte, a primera vista puede parecer que dos personas encajan, pero debes considerar con mayor profundidad si tienen los mismos intereses y las mismas metas. Un «showman» que cuenta chistes puede ir bien con alguien más recatado, así que no sólo pienses en las similitudes, también piensa en la compatibilidad. Y recuerda que la presencia de dos egos gigantes en la misma habitación puede acabar con las paredes ensangrentadas... Por supuesto, no fuerces al amigo de tu hermano para que salga con tu hermana, a la que acaban de romper el corazón: puedes perder toda la confianza de ella si después de la cita no vuelve a sonar el teléfono. Un buen romance no surge sólo de las buenas intenciones.

CONSEGUIR EL LANZAMIENTO PERFECTO

¿Tienes una buena combinación en la cabeza y estás pensando cómo hacerlo? En primer lugar, necesitas que las dos partes se muestren interesadas y la clave aquí es no ejercer demasiada presión. No le digas a tu amiga que el hombre que le quieres presentar es el más impresionante del mundo: podría preguntarse por qué no te lo quieres quedar tú o, simplemente, no tener el mismo gusto que tú en cuestión de chicos guapos. Dale una buena publicidad a la cita a ciegas pero sé siempre realista para evitar la desilusión. Tampoco caigas en la trampa de «demasiada información»; si finalmente funciona, te encontrarás envuelta en los relatos de unos y otros alrededor de la fotocopiadora...

Otra idea más

Lee las IDEA 18, *Recíclate*, para probar unas citas con algo más de riesgo.

¿ESTÁS CIEGO?

Si eres tú la que estás en el punto de mira de alguna «Celestina», asegúrate de que te mantienes dentro de los límites de la decencia. Está bien preguntar por información del tipo en qué trabaja, una pequeña historia reciente de sus romances (¿divorciado?, ¿tiene niños?) y el por qué piensa la «Celestina» que podríais ser compatibles. Asegúrate de que tienes suficiente información para hacer comentarios del tipo «Susi dice que estás entrenando para correr la maratón» durante la cita. Así conseguirás que el ambiente sea cálido y que él se sienta apreciado. Pero, cuidado, no te pases diciendo cosas del tipo «¿Cómo te va el tratamiento para la eyaculación precoz?».

La frase

«¿Qué es la vida sino una sucesión de inspiradas locuras? Lo difícil es encontrar las que nos gustaría hacer. No pierdas nunca una oportunidad: no surgen todos los días».

GEORGE BERNARD SHAW

¿Cuál es tu duda?

P   Salí en una cita a ciegas con el primo de una amiga del trabajo. Creo que le gusté pero yo no sentí ninguna química. No sé cómo decírselo sin herir a mi compañera. ¿Cómo lo hago?

R   *Puedes pensar en que algo va a salir bien, pero nunca puedes prever el factor «química». Si tu amiga tiene experiencia previa como «Celestina» lo aceptará sin problema. Pero asegúrate de que se lo haces saber con elegancia.*

P   ¿Qué significa eso exactamente?

R   *Ella se ha tomado el tiempo y las molestias de hacer algo por ti y seguro que pensó que podría funcionar (a menos que lo único que persiguiera fuera sacar a su primo de casa). Así que también debe sentirse algo desilusionada. Agradéceselo, ríete de lo que ha sucedido y pasa página.*

P   ¿Y si quiere que le dé motivos?

R   *El asunto de las citas a ciegas sólo funciona si todo el mundo está dispuesto a respetar los límites. Si él te ha encantado pero han pasado tres semanas y el teléfono no ha sonado, debes tener el buen talante de no suplicar y agobiar al intermediario. Al mismo tiempo, ella o él debe respetar tu decisión y no agobiarte para que le des información, a menos que le encante difundir las malas noticias. Quizás todavía tenga algún otro primo...*

17

Vestida para el éxito

La ropa comunica muchas cosas, es un hecho. Aunque nos consideremos del tipo de personas que siempre mira más allá de la fachada, una de las primeras cosas en las que nos fijamos es en el envoltorio.

Y que el tuyo sea el adecuado resulta clave cuando estás intentando atraer cierto tipo de atención. Pero, ¿cuál es exactamente la atención que deseas atraer?

Básicamente, necesitas arreglarte para atraer al tipo de hombre que te gusta y al tipo de relación que te gustaría mantener. ¿Buscas juguetear un poco? No importa lo que lleves puesto hasta que no tengas claro qué es lo que quieres realmente. ¿Buscas un apasionado diseñador gráfico para mantener una relación seria de por vida? Un vestido tubo ajustado de cuero o de algún material de nueva generación a juego con un look de fijador y unas botas altas puede conseguir llamar su atención y que piense que eres una artista de la *performance*. O, la verdad, cualquier otra cosa. Pero, ¡al menos debes intentar comprar el billete de ida!

¿QUÉ PASA CON EL AMOR PROPIO?

Vestirse para atraer a un hombre puede sonar como que los cien años de lucha de las mujeres por conseguir su liberación nunca hubieran existido.

Pero el hecho es que ponerte tu jersey favorito, ese holga desde el cuello hasta los tobillos, no te hace sentirte má: supuesto trasmite que estés interesada en llevar las cosas a u tico. La atracción sexual es una parte importante a la hor pareja y no hay nada malo en ello. Así que lleva a cabo el plan, echa un vistazo a las mejores prendas de tu armario y sácalas a dar un paseo.

Una buena idea

Reflexiona sobre cómo la gente recibe tus modelos. Quizás estés pensando que eres la reina del baile cuando lo cierto es que eres el vagón de cola. Piensa en el tipo de evento al que vas a asistir y no sólo en la impresión que quieres causar. Evidentemente, es más apropiado acudir a una fiesta de Halloween con un disfraz que con un estupendo vestido de noche. Nada grita más «Mírame, estoy desesperada» que el hecho de querer estar sexy a todas horas. Elige una tarde tranquila de sábado, pruébate todo tipo de ropa y escoge algo que te siente bien, sea cómodo y algo sexy; después, colócalo en el fondo de tu armario como un modelo de emergencia para cuando tengas una cita, te encuentres aterrada y no sepas qué ponerte. Si tienes alguna duda, recurre al siempre efectivo «vestido negro de cóctel», que ha realizado un gran servicio al género femenino durante muchos años.

SENTIRSE BIEN

Así que, ¿cómo encontrar el término medio entre lo que nos hace sentir nos cómodas y lo que puede atraer al hombre adecuado? En primer lugar, siempre tienes que sentirte cómoda con lo que lleves puesto, ya que esto te permitirá irradiar confianza y conformidad con tu propio cuerpo. Y no pruebes con algo completa mente nuevo o que sea la última moda; a la mayoría de los hombres no les preocupa que tus zapatos sean los más chic, pero sí se fijarán en que has bajado las escaleras tambaleándote porque todavía no sabes caminar sobre ellos...

UN POQUITO DE LO QUE TE GUSTA

Nunca es una mala idea lanzar un aviso y los hombres son criaturas básicamente visuales, así que la vista de un muslo terso, una fresca camisa blanca con un escote sugerente y unos tobillos bien torneados sobre unos tacones de vértigo pueden ser unas buenas piezas de tu armadura. Sin embargo, existe una fina línea entre resultar tentadora y parecer una fulana. Y aquí es donde la regla «uno o el otro» entra en juego. Si tienes un escote estupendo, siéntete libre de realzar tu pecho y de poner un poco de perfume seductor en algunos puntos clave. Sin embargo, debes lucir ese impactante, llamativo y diminuto top conjuntado con unos pantalones estrechos negros, en lugar de ponerte una falda vaquera con forma de campana. Incluso si tienes unas piernas fabulosas, muchas cosas buenas pueden resultar en un poco de empacho. Así que elige una zona que destaque y céntrate sólo en ella.

Ahora piensa a dónde vas a ir. Una minifalda con un polo negro es una combinación ganadora si tienes unas piernas estupendas, pero deja de serlo si vas a tenerlas ocultas durante toda la cena debajo de la mesa, ya que parecerás una intelectual inconformista anclada en el existencialismo. La misma minifalda para ir al teatro puede conseguir que el público deje de dirigir su mirada hacia el escenario. Tienes que ser todo lo objetiva que puedas; puede encantarte esa falda, pero si no te favorece devuélvela cuanto antes al armario.

La frase

«Mete a la mujer menos atractiva en un precioso vestido e inconscientemente intentará sacarle el mejor partido».

LADY DUFF GORDON, DISEÑADORA DE MODA DE LOS AÑOS 20

¿Cuál es tu duda?

P   Tengo una primera cita con un hombre que conozco del trabajo pero tengo muy pocas pistas ya que sólo lo he visto con traje de chaqueta. ¿Qué debería ponerme?

R   *Bueno, ya sabes que le interesas, pero ahora te enfrentas al estrés de aparecer con un modelazo estupendo. Mi consejo es que escojas tu conjunto favorito, ese que te hace sentir tan atractiva, y que sigas tus instintos.*

P   Pero, ¿qué pasa si es un fanático de las camisetas de rugby y odia mi estilo vaquero retro de los 70?

R   *Si los dos estáis de acuerdo en que tenéis suficientes cosas en común como para cenar por primera vez juntos, probablemente sea suficiente para que haya también una segunda cita. Si tú odias como viste él, pero a él le encanta, tienes dos opciones: puedes dejar de ser tan superficial o puedes estudiar el ciclo de lavado en caliente de tu lavadora, el cual se diseñó para que pudieras lavar los jerseys malos sin que sufrieran demasiado.*

18

Recíclate

Ya conoces el dicho: lo que es veneno para un hombre...,
Quizás encuentres un poco desagradable la idea
de salir con alguien que es un ex de alguien a quien
conoces...

Pero piensa en ello de la siguiente forma: todos somos el ex de alguien.

Hay algunos ex que han estado demasiado cerca de ti como para que puedas sentirte cómoda, como el ex marido de tu hermana o tu antiguo profesor. Pero ten en cuenta que no tendrás que saltar literalmente debajo de las sábanas todavía calientes de tu mejor amiga. Puedes, sin embargo, preguntar a tus amigas si tienen algunos compañeros, colegas del trabajo o novios de la infancia a los que puedas conocer. Es probable que os llevéis bien, ya que tenéis amigos comunes, ¿no crees?

CUÁNDO ESTÁ BIEN

No hay un conjunto de reglas rápidas y eficaces sobre la forma de encontrar el amor. Algunas personas se casan con su amor de la infancia y otras se encuentran con su mejor amigo de los dieciocho años quince años después y lo encuentran más atractivo que un queso de bola. (En cuanto a esto, sólo recordarte que comenzar una relación con alguien con quien ya tienes una historia común puede traerte una serie de problemas. Por ello, debes pensar con cuidado antes de dejar que las cosas sucedan). De todas formas, no hay razón para que tu brillante futuro no parta de tu pasado.

Una buena idea

Organiza una fiesta de reciclaje. Pide a tus amigas que lleven cada una un hombre en el que ya no estén interesadas y que esté disponible. Si ves que la cosa no funciona y que comienza a ver corrillos en las esquinas, ten preparado algún juego de esos que se juegan en pareja, en el que cada uno tiene un papel y debe encontrar el superhéroe que va con él, o el masculino de su profesión. De esa forma, la gente comenzará a moverse y a preguntar a los demás si tiene el papel de «superman». Si esto te parece mucho trabajo (intentar pensar en quién conectará con quién), intenta que todo sea un poco más casual haciendo otro tipo de fiesta más divertida. Adquiere un juego de candados, sepáralos de sus llaves y cuélgalos en lazos. Tus huéspedes tendrán que moverse por la fiesta hasta que encuentren su llave o su candado. (El tono ligeramente sexual, sobre todo si das las llaves a los chicos y los candados a las chicas, ayudará a calentar el ambiente).

SÉ CLARA

El primer paso, cuando sabes que el romance puede estar en las cartas, es asegurarte de que te comportas con honestidad y franqueza con cualquiera que pueda sufrir con la nueva situación. El cambio y la transición, incluso cuando han pasado años desde la relación original, pueden despertar sentimientos algo confusos o que todavía estén sin resolver. Si hablas con los amigos mutuos con anterioridad, podrás sacar de la ecuación cualquier sentimiento de engaño. Quizás lo mejor que puedas hacer es esperar y asegurarte de que lo vuestro va a alguna parte antes de limitarte sólo a empeorar las cosas. Lo que puede ser un poco desagradable pero fácil de admitir en las primeras etapas puede convertirse en una enorme traición sin que casi te des cuenta. Invitar a tu amiga a formar parte de tu proceso de toma de decisiones hará que le resulte más sencillo de aceptar.

Idea 18. Recíclate

Otra idea más

Para saber si le gustas realmente a alguien antes de meter la pata, echa un vistazo a la IDEA 11, *¿Está interesado en mí?*

También puedes descubrir que te llevas bien con la persona en cuestión. En ese punto, debes sopesar qué es más importante para ti: un nuevo novio o una amiga que va a luchar una terrible y desagradable guerra por su custodia y que encuentra totalmente inapropiado que te acerques a él (y además puede tener razón). Al mismo tiempo, una amiga que se muestra excesivamente posesiva ante un flirteo sin importancia puede estar enviando alguna señal de atención. Debes tener claro de antemano si estás dispuesta a mantener tu posición aunque ella te odie y por qué. Si realmente piensas que esa persona es la adecuada para ti, quizás debas decirle adiós a tu amiga. Sólo prueba y reflexiona antes de que estés demasiado implicada. Puede resultar algo violento.

La frase

«Todos experimentamos grandes cambios en nuestras vidas que son más o menos una segunda oportunidad».

HARRISON FORD, CITA TOMADA DE LA BIOGRAFÍA DEL AUTOR ESCRITA POR GARRY JENKINS

¿Cuál es tu duda?

P   Me gusta mucho el antiguo novio de la universidad de mi amiga y creo que es mutuo. Forma parte de un gran grupo de compañeros y siempre que nos reunimos, no sé cómo, pero acabamos juntos. ¿Crees que es bueno para nosotros salir juntos?

R   *A menos que ella todavía lleve su foto en la cartera y tenga un hueco para él en su armario, yo diría que suena razonable. Siempre puedes confiarle tus sentimientos a ella y ver cómo reacciona. Pero ten cuidado con entrometerte demasiado. Las personas tienen derecho a crecer y a cambiar y las quejas de tu amiga sobre que nunca hacía la colada cuando compartían casa en la universidad no significan que él sea la misma persona después de diez años.*

P   ¿Qué pasa si ella no me da permiso?

R   *Bueno, esto no es cuestión de que ella te dé permiso o no: a menos que lo haya comprado como esclavo en el mercado, él es un hombre libre. Es más una cuestión de que todo el mundo tenga ganas y voluntad de superar la situación y los sentimientos desagradables y tomarse un poco de tiempo para actuar con sensibilidad; lo cual puede resultar difícil, pero no imposible. Puede que te sorprenda y se muestre encantada; no todas las relaciones acaban con enemistad u odio y si ella continúa siendo su amiga es porque piensa que también tiene cosas buenas.*

19

Volver a las citas después de un divorcio

Hay una canción que dice: «Nadie dijo que sería fácil, pero tampoco dijo nadie que sería tan duro», y es perfecta para este capítulo.

Para mucha gente, volver al mundo de las citas después del divorcio resulta más como una lenta tortura que como un agradable asalto a una nueva etapa de su vida.

SER PRÁCTICO

Si todos los que te dicen «Necesitas volver a salir cuanto antes» estuvieran diciendo realmente «Yo cuidaré de tus niños y te presentaré a un guapo médico que adora a las divorciadas»… Volver a salir se antoja especialmente difícil si la mayoría de la vida social la hacías con tu ex y todos tus amigos están casados, y no te cuento si además tienes niños a tu cargo. Así que en primer lugar tienes que asegurarte de sentirte cómoda y tranquila en tu nueva vida. No debes buscar desesperadamente aquel vestido negro que te ponías para salir de soltera cuando las perchas de su parte del armario todavía se mueven, no importa lo que piensen los demás.

HAZLO SUAVEMENTE

Antes de lanzarte a la noche como una verdadera vampiresa, deberías considerar la idea de intentar entablar un contacto humano que resulte menos amenazador. Un trabajo a tiempo parcial (si es que no has trabajado en mucho tiempo) puede devolverte a la rutina de hablar con un amplio abanico de personas sin esperar nada de ellas, familiarizarte con las charlas de cortesía y acostumbrarte a hablar de forma menos intensa, en un nivel más sencillo (el perfecto para una cita, por cierto). Quizás sea más apropiado para ti acudir a un consejero, apuntarte a algunas clases o aprender un nuevo deporte, todo lo cual puede considerarse inversiones en tu confianza y autoestima, las cuales, después de todo, necesitan un empujoncito. Si no quemas tus sentimientos negativos, puedes encontrarte a ti misma haciéndote una propaganda negativa durante una cita, como por ejemplo diciendo «Estaba mucho más delgada antes de tener a los niños». Este tipo de cosas no resultarán agradables de oír para ninguno de los dos y conseguirá que dejes de sentirte bien contigo misma. Así que cada vez que notes que un sentimiento negativo comienza a formarse en tu cabeza, recuérdate a ti misma algo bueno que puedas hacer en vez de recrearte en él.

Una buena idea

Si te resulta difícil expresar lo que te gustaría con palabras, piensa en el personaje de una película o de un libro y toma nota de sus cualidades. No importa lo poco definidas que estén las cualidades en un primer momento; hazte el propósito de alcanzar unas cuantas y muy pronto estarás atravesando un nuevo e inexplorado territorio.

PIENSA EN EL SEXO

Puede que te sientas sexual o interesada en practicar el sexo. Recuerda que reconocer que eres un ser sexual y que tus necesidades son completamente naturales es una excelente forma de evitar que se mezclen tus deseos y tus sentimientos. Debes convencerte de que en tu próxima cita a ciegas tu amiga aparecerá con el perfecto novio superficial porque estás ansiosa por tener algo de intimidad y de afecto más que por volver a meterte en una relación. No te preocupes por nada más o acabarás en una relación que no va a ninguna parte con el hombre equivocado. Debes tener claro si quieres tener o no un «compañero de mantenimiento» (alguien con el cual puedes tener sexo sin mezclar en absoluto los sentimientos). Pero quizás lo primero que debas hacer es ir al sex-shop de tu ciudad que esté más orientado hacia las mujeres y ver qué te ofrecen. Quizás encuentres una nueva forma de cuidar tu sexualidad de forma segura mientras llega el momento en que estés preparada para mantener una relación. Un juguete sexual puede realmente hacer tu vida casera un poco más feliz aunque no pueda ayudarte con la colada.

Otra idea más

Lee la IDEA 20, *Los niños también vienen*, para saber cómo manejar las citas cuando hay niños implicados.

PERDONA, ¿NOS HEMOS VISTO ANTES?

Bueno, es cierto que eres mayor y más sabia pero todas las mujeres son capaces de volver a las viejas costumbres que nunca funcionaban a la hora de elegir pareja. Un terapeuta muy inteligente me dijo una vez que las personas seguían teniendo las mismas malas relaciones/problemas de dinero/ desengaños generalizados porque si no imaginas lo que quieres, nunca lo atraerás. Así que necesitas tener en la cabeza una idea bien definida de lo que te gustaría encontrar en tu nueva pareja. Si no podías comunicarte con tu ex, está atenta a los hombres del tipo silencioso. Tendrás una mejor oportunidad de ser feliz si buscas a un hombre que ya posea las cualidades que tú quieres, en vez de tratar que después entre en ellas con calzador.

De igual forma, no te dirijas expresamente a un tipo que sea lo contrario que tu ex, lo cual es una reacción muy comprensible cuando te has sentido herida. Lo ideal es que te tomes algún tiempo para pensar en el tipo de persona a la que te gustaría atraer de forma que puedas reconocerla cuando te encuentres con ella. La última vez que pensaste algo así seguro que fue hace algunos años, cuando tenías prioridades diferentes y sin los beneficios que ahora te proporciona la experiencia.

La frase

«Volver a casarse es una prueba excelente para saber cómo de amigable fue tu divorcio».

MARGO KAUFMAN, ESCRITORA NORTEAMERICANA

¿Cuál es tu duda?

P   Trato de pensar en alguien que me resulte atractivo y todo lo que se me viene a la cabeza es Brad Pitt. ¿Soy una superficial?

R   *Sí lo eres, lo somos la mayoría de las mujeres.*

P   Pero no puedo pensar en ninguna razón por la que me atraiga. ¿Entonces?

R   *¿En qué película te gusta más?*

P   En *Troya.* ¿Adónde voy con estos pensamientos?

R   *¿Por qué te lo preguntas?*

P   Él hacía de Aquiles en la película, amaba la guerra y quería alcanzar la fama pero lo derrotaron por proteger a la mujer que amaba. Se mostraba fuerte y ambicioso con el resto del mundo pero dulce y cariñoso con ella. ¿Ayuda esto?

R   *Así que quieres a alguien que esté dispuesto a hacer sacrificios por ti y a ponerte como el centro de su mundo, que sea dinámico pero que quiera un hogar estable.*

P   Exacto. ¿Entonces?

R   *Felicidades. No eres una superficial. Aunque estoy segura de que también contribuye el hecho de que Brad Pitt se pusiera una adorable falda de cuero.*

20

Los niños también vienen

¿Seguro que debería comenzar a tener citas? Bueno, todo el mundo necesita amor, apoyo y atención...

Si te pones el hábito y abandonas la idea de tener una vida personal para dedicarte en exclusiva a la maternidad quizás te sientas menos culpable. Pero la culpabilidad puede ser muy divertida.

Cuando consigas enterrar la culpabilidad dejando de negarte a ti misma todo el tiempo, te darás cuenta de que a medida que tus hijos crecen la culpabilidad se va traspasando a ellos. Ellos pueden sentir que tienen que cuidar de ti; pueden sentir que no pueden dejar la casa o disfrutar de su libertad porque les perseguirá la visión de su madre sentada sola en casa después de todo lo que se ha sacrificado. Y como todos sabemos, la culpabilidad puede transformarse con facilidad en resentimiento. ¿Suena un poco radical? Probablemente, pero ten claro que en la misma medida en que necesitas asegurarte de que tus hijos son amados y están bien cuidados, también debes enseñarles, por ejemplo, que la vida continúa. Si encuentras a nuevos amigos, nuevos intereses e incluso una pareja, les demostrarás que perseverar es la mejor forma de enfrentarse a la vida. De otra forma, te encontrarás a ti misma sentada en casa, envuelta en un chal, maldiciendo quince años después de la ruptura a la nueva esposa de tu ex, y sólo tendrás cuarenta y tantos.

Una buena idea

Cuando planees llevar las cosas a un plano físico con tu nueva pareja, considera buscar algún territorio neutral o algún momento en el que tus chicos estén en casa de tu ex pareja. Es necesario que tu relación tenga unas bases reales antes de que se encuentren a un desconocido sentado en la mesa a la hora del desayuno.

TENGO ALGO QUE DECIRTE...

Algunas cosas en la vida no son negociables: el paso del tiempo, el helado *sí* te engorda, tienes hijos. Aunque conozcas a un hombre estupendo es totalmente normal y aceptable que le resulte difícil en principio aceptar la idea de quedar con alguien que tiene hijos; después de todo, eso significa olvidarse de las escapadas a París (a no ser que pases la mitad del tiempo en Disneyland). Pero nunca es aceptable que pretendas fingir que no existen. Tampoco tienes que introducirlos al principio de salir, pero no debes intentar mentir sobre lo importantes que son y que, sin duda, serán en el futuro. Está claro: si terminas con él, los niños pasarán a ser una parte

central de su vida también. En esta situación, puedes decirles a tus hijos que estás teniendo citas, pero nunca lleves a casa a nadie con el que creas que no tienes futuro (a no ser que quieras que el día de los padres el profesor te pregunte cuántos padres tiene tu hijo). Todo lo que tus hijos necesitan saber es que estás socializando porque eso es lo normal, ni su número de teléfono, ni lo bien que besa ni si te ha llamado o no. También es duro contárselo a tu ex, sobre todo si no os lleváis muy bien, pero es necesario. No hay peor forma de que tu ex se entere de las noticias sobre tu nueva relación que a través de tus hijos. Los niños en cuestión sabrán de forma inmediata, tan pronto como hayan acabado la frase, que su otro progenitor no lo sabía y se sentirán fatal por ello.

¡TE ODIO!

Oh, esa adorable frase que todos los hijos escupen a sus padres en algún momento, o puede que en muchos momentos de sus vidas. Si has conocido a alguien que te gusta y estás preparada para llevarlo a casa, entonces debes estar preparada también para un mal recibimiento. A los niños les aterrorizan los grandes cambios, especialmente si la separación ha sido reciente y todavía se sienten leales a su padre. Incluso los adolescentes alimentan la fantasía de que sus padres vuelvan a estar juntos, así que déjales un poco de espacio. Y si tu cita es medianamente sensible, todo esto le parecerá normal. Una vez dicho esto, quizás deberías trazar la línea que lo separa de tus hijos manteniéndolo lejos de casa.

Otra idea más

Echa una mirada a la IDEA 44, *Sé sensual*, para descubrir algunas ideas sobre cómo meterte en la cabeza al hombre que realmente quieres.

CONOCER A LOS PEQUEÑOS MOSTRUOS

¿Cuándo es el momento adecuado? Sólo porque seas un poco más mayor no significa que seas inmune al enamoramiento, sobre todo si te has sentido rechazada o herida con la ruptura. Así que intenta evitarlo durante esos primeros meses en los que tu armadura comienza a querer salir de nuevo. Quizás estaría bien averiguar por qué sucede esto antes de lanzarte al barro. Y cuando estés segura de que habla algo más que tus hormonas, encuéntrate con él fuera de la casa para que los niños no sientan invadido su espacio. Si tu cita tiene niños también, espera un poco para conocerlos. Mucha información de golpe puede agobiarlos. Pueden sentir pánico ante la idea de tener que compartir sus dormitorios con hermanastros o cerrarse en banda ante tal idea. Incluso antes de que se bajen del coche. Tú puedes estar viendo estupendos rasgos personales en tu nueva pareja que tus hijos no pueden entender: sé paciente.

La frase

«Cuando conozco a un hombre me pregunto: '¿Es él el hombre con el que quiero que mis hijos pasen los fines de semana'».

RITA RUDNER, CÓMICA AMERICANA

¿Cuál es tu duda?

P   Quiero comenzar a tener citas pero siento que los niños me necesitan todavía cerca. ¿Cómo puedo conocer a alguien y tener a mis hijos contentos?

R   *Si por eso sientes que ir a bares no es lo más adecuado para ti, ¿por qué no intentas hablar con alguien en un grupo de teatro en el que puedas encontrarte con otros padres solteros con los que hablar cuando tus hijos están ocupados y puedes observar con libertad?*

P   Buena idea, pero me preocupa que todos los demás estén casados. ¿Qué hago?

R   *Busca en tu periódico local por grupos de padres solteros. También hay empresas especializadas en organizar vacaciones para padres y madres solos; incluyen todas las formas posibles de conocer a otras personas con las que puedas compartir tus preocupaciones, además de tomar una copa por la noche cuando ya hayáis acostado a los niños. Como poco, te recordará que estáis en la misma situación y puede que eso te haga volver a casa con una sonrisa y, esperemos, con la confianza necesaria como para comenzar a ir a los bares.*

21

Por qué los hombres adoran a las zorritas

Todas las conocemos. Son parte de nuestra vida diaria y lo serán siempre.

Todas hemos podido comprobar en alguna ocasión cómo la zorra tenía un arma escondida en cada una de sus palabras y todas nos sentimos amargamente perplejas y desconcertadas por el hombre que la acompañaba. ¿Qué demonios ha visto en ella?

Una pregunta mucho más útil que debes hacerte es qué es lo que *tú* no ves.

ZORRA BUENA Y ZORRA MALA

El primer paso que tenemos que dar es el de identificar qué es exactamente una zorra. Por supuesto, hablando en términos técnicos, es la hembra del zorro, pero en su aplicación en este contexto de la especie humana su significado tiende a variar dependiendo de la persona que esté hablando. Si es una mujer la que lo dice de otra, normalmente significa que ésta es brusca, desagradable o cruel; si es un hombre el que lo dice, lo que quiere decir normalmente es que esa mujer no ha hecho lo que él quería. Esta segunda definición es la que cuadra con el concepto de la «zorra buena» y probablemente podamos aprender un par de lecciones sobre ella.

Una buena idea

Prueba a decir no en todo tipo de situaciones y observa la reacción de los demás. ¿Te piden que hagan horas extra o que cuides al niño de unos amigos? Di que no con una sonrisa y no caigas en la tentación de explicarte: es un favor que ellos están solicitando, no algo por lo que te tengas que justificarte si no lo haces. Debes estar preparada para que la gente se enfade o se muestre poco razonable, pero recuérdate a ti misma que esas emociones son las de ellos, no las tuyas. Una vez que entres en la dinámica de poner límites, te resultará más fácil reafirmar tu posición delante de cualquier hombre que te guste de verdad.

LAS NIÑAS BUENAS SON LAS ÚLTIMAS

Uno de los problemas que tenemos nosotras, las mujeres, es que crecemos en un mundo que nos hace creer en el compromiso, en que tenemos que poner los deseos de los demás por encima de los nuestros y que si somos amables tendremos popularidad y aceptación. Tenemos detrás un montón de años de conversaciones alrededor de las mesas de cocina y de escuchar esa frase tantas veces repetida por las mujeres casadas: «Me siento como si fuera su madre». Bueno, pues si te pasa algo así es porque te comportas para que así sea. Los hombres son criaturas simples. Si lavas sus calcetines, cocinas su comida y asientes pasivamente ante las aburridas historias que te cuenta no pasará mucho tiempo hasta que te confunda con su madre. Y aquí es donde entra en juego el factor zorrita: la zorra también hará estas cosas pero se asegurará (como haría su compañero) de que él se dé cuenta de que todo conlleva su esfuerzo y que espera algo de aprecio a cambio, o quizás una pequeña pieza de joyería. Es muy raro el hombre que hace estas cosas por propia iniciativa sin que nadie se lo recuerde.

DÍSELO DIRECTAMENTE

La cualidad clave que la astuta zorra debe poner en práctica es la habilidad para decir no. Si no quieres hacer algo, no lo hagas para después enfurecerte en un silencioso resentimiento. Te hará sentir incómoda y provocará que él te evite como si fueras una plaga. Así que evítalo. Una de las mejores cosas que hice yo durante mi historial de citas fue decidir por mí misma. Decidí decirle a un pretendiente que no le había dedicado ni un piropo a mi espléndido look de aquella noche que pensaba que era un grosero. Él respondió que no hacía cumplidos, así que le contesté que para mí era esencial que el hombre con el que saliera me halagara. Quizás, mejor que dejar que algún miserable nos trate de una forma que no nos gusta, lo ideal sea sacudirse las manos y pasar página. Sin embargo, mi cita en

cuestión aprendió la lección y la segunda vez que salimos me comentó lo guapa que estaba en los primeros diez minutos; desde ese momento se convirtió en un auténtico disparador de halagos para que me sintiera bien. Se dio cuenta de que él se divertía y de que yo me sentía completamente apreciada. Aquí la regla básica es que consigas lo que quieres.

Otra idea más

Lee la IDEA 51, *Confianza real*, y verás cómo el hecho de decir «no» puede ser el primer paso para encontrar la felicidad.

LOS CAPRICHOS

Algunos de los temores más comunes de las mujeres suelen ser considerados simplemente como caprichos, pero ¿realmente te gustaría que pensaran que nunca necesitas nada? Si actúas como si sólo necesitaras las sobras que quedan en la mesa de tu hombre, nunca podrás culparle por no ofrecerte un festín. Su trabajo no consiste en adivinar lo que deseas. Decirle: «Para mí es pronto quedar a las siete, me viene mejor a las ocho», te servirá para que se dé cuenta de que tienes una vida propia y que no estás tan desesperada por recibir algo de atención como para dejar todo en cuanto él te llama. Quizás tú consideres que dedicar la hora del almuerzo a trabajar para salir antes es mostrarte comprensiva, pero él lo verá como un signo de necesidad. Cuánto más indiferente se muestre él, más fuerte será la tentación de intentar agradarle y eso no establece un buen equilibrio de poder para construir las bases de vuestra relación.

La frase

«Lo que realmente necesitan aprender las mujeres es que el poder no lo regala nadie. Tienes que llegar y hacerte con él».

ROSEANNE BARR, COMEDIANTE Y ACTRIZ AMERICANA

¿Cuál es tu duda?

P   Me gusta mucho un chico pero según tus nuevas normas parece que debería contenerme. ¿No es eso ser un poco manipuladora?

R   *¿Nunca has quedado con un hombre que te gustara pero que fuera demasiado entusiasta?*

P   Por supuesto, ¿y?

R   *¿Y no deseabas que mostrara un poco menos su entusiasmo para que no te cansaras y comenzaras a pensar en dejarlo?*

P   Sí, me sentía abrumada aunque fuera un gran tipo. ¿Por qué sucede eso?

R   *Pues porque el deseo necesita que le dejen un poco de espacio para crecer y si estás disponible todo el tiempo la oportunidad ni siquiera surge. Todos anhelamos mirar a nuestras parejas y sentir que hemos ganado un premio, no pensar que nos están haciendo un favor.*

22

Mensaje en una botella

El alcohol, ese gran liberador de almas, tranquilizador de los nervios y amigo en los buenos tiempos. Si sólo fuera eso...

Y es que, aunque hay que reconocerle sus virtudes, también puede ser el causante de muchos problemas.

El alcohol afecta a la parte del cerebro que controla la inhibición, por lo que no es de extrañar que en alguna ocasión hayamos acabado, el día de fin de año, subidos en una mesa vestidos sólo con un mal disfraz de enfermera y unas botas de agua (mi caso, por ejemplo). Así que, aunque el alcohol te permita decir una frase completa sin tartamudear cuando estés en una cita, también puede hacer que esa frase sea una lista de todos los hombres odiosos con los que has tenido relaciones íntimas alguna vez. En el momento puede parecer gracioso, pero al día siguiente cuando el  vodka esté dejando de hacer sus efectos y comiences a despertarte seguro que no lo es tanto. Y recuerda: un 55% de la comunicación es un acto no verbal, así que piensa en todas las finuras que habrás desplegado durante todo ese tiempo.

Una buena idea

Si te encuentras insegura respecto a una cita potencial, sugiere alguna actividad que no se realice por la noche y observa cómo te desenvuelves. Una visita a una galería de arte o un paseo por el parque te permitirá interactuar con todo el glamour que una cita vespertina puede permitir; quizás seas capaz de flirtear en la oscuridad de un bar pero seas incapaz de mantener una conversación a la luz del día. Si eso es así, entonces tendréis la oportunidad de conoceros más por la tarde (y te asegurarás de que él te gusta también a la luz del día).

¿DÓNDE ESTOY?

Es mucho más fácil olvidar que estás en una cita que en una salida con tus amigas; mientras que con tus amigas no piensas en nada más que en despachar un par de botellas y en bailar toda la noche, con un hombre nuevo no sucede lo mismo. Recuerda: necesitas pensar y charlar y prestar atención a esa persona; no le conoces a él ni sabes cuáles son sus intereses, así que arrastrarlo hasta el bar para tomar un chupito de tequila puede ser divertido para ti, pero un tanto desconcertante para él.

Probablemente no hay ni una sola mujer sobre la faz de la tierra que no se haya despertado en la cama con la cabeza confusa acompañada de alguien que no hubiera elegido ni en sueños de haber estado serena. Aunque no tiene por qué ser el fin del mundo, no suele ser muy bueno para tu autoestima, así que es mejor cortar por lo sano con el tipo, que tener que pasar la vergüenza al día siguiente, con manchas de rímel bajo los ojos y tu ego metido en el bolso. Cuando empieces a sentir que se te está yendo la cabeza, llama enseguida a un taxi. Si os gustáis el uno al otro, seguro que surge otra oportunidad de estar juntos; si no es así, te sentirás feliz cuando al día siguiente despiertes sola en tu cama. Y en el caso de que sólo fuera un poco de sexo sin compromiso, ¿no es mejor ser capaz de recordarlo?

NO ES TAN DIFÍCIL, VALIENTE

Hay una serie de trucos para asegurarte de que no bebes demasiado durante tu cita. En primer lugar, pide agua además de vino para la cena y alterna los sorbos entre las dos bebidas. En segundo lugar, si habéis quedado para tomar copas, resístete a la urgencia de beber un martini y pide algo más suave; una bebida más fuerte, mezclada con zumo de frutas o soda puede aplacar a cualquiera pero también puede sacarte esa irrefrenable tendencia a cantar las canciones de Julio Iglesias a voz en grito. Si has acudido a unas citas rápidas o estás en una fiesta, intenta no llegar demasiado pronto o comenzarás a beber enseguida para calmar los nervios.

Otra idea más

En la IDEA 23, *Citas seguras*, podrás informarte sobre cómo mantenerte segura en las citas.

¿OTRA COPA QUERIDA?

La seguridad es un factor que no puedes ignorar. En primer lugar, cuanto más bebas, más riesgos asumirás. Además, si te da la impresión de que tu cita quiere llenarte el vaso de forma continuada, eso debe disparar todas tus alarmas. Desde luego, puede que sólo esté intentando hacer que la reunión sea más agradable, pero la frase «¿Estás intentando emborracharme?» es un cliché por alguna razón. Asegúrate de que, a pesar de sus esfuerzos, te mantienes en tu sitio. También puede ser que no esté intentando llevarte a la cama, sino que simplemente sea alcohólico. En cualquier caso, debes plantearte enseguida si merece la pena una segunda cita con ese individuo.

La frase

«Una de las razones por las que no bebo es que cuando estoy pasándomelo bien quiero enterarme».

Nancy Astor, política y miembro del parlamento británico

¿Cuál es tu duda?

P ¿No parece el hecho de no beber una adaptación al tópico de que las mujeres deben ser dulces y comportarse de forma adecuada? A mí me encanta salir de fiesta y creo que me sentiría mejor siendo yo misma.

R *Pero, seguro que no acudes achispada a una entrevista de trabajo o a un funeral, ¿no?*

P Buff, haces que ir a una cita suene como ir a un funeral. Es eso, ¿no?

R *Puede ser, si lo tomas en el buen sentido. Después de todo, si el hombre con el que has quedado para cenar aparece vestido con un chándal y mascando chicle sentirías que te está faltando al respeto, ¿no?, y que se comporta de manera realmente inapropiada. Y no te estoy diciendo que no bebas en absoluto: sólo que te controles un poco en los primeros encuentros.*

P Entonces, ¿cuándo puedo soltarme el pelo?

R *Deja tus noches locas para tus amigos y no salgas de esa forma con tu cita hasta que os conozcáis mejor; si lo haces de otra forma, estarás forzándole a que haga lo que a ti te gusta antes incluso de saber si va con él o no.*

23

Citas seguras

Tener citas es genial. Es divertido, liberador y te hace sentir maravillosamente viva y atractiva. Pero, como con cualquier otra cosa, debes tomar ciertas precauciones.

Para estar segura de que puedes relajarte y pasar un buen rato, debes dar unos pequeños pasos para protegerte.

Este capítulo no está diseñado para que te preocupes excesivamente pero, como bien decía mi madre, «más vale prevenir que curar». Después de todo, ese guapo desconocido del bar es sólo eso: un desconocido.

DEBES SABER...

A continuación se enumeran algunas cosas sobre las que deberías pensar.

■ Asegúrate de que conoces algunos aspectos básicos sobre tu cita. Si lo has conocido en un bar, averigua dónde trabaja (también es una buena forma de saber si tiene trabajo), dónde vive y cuál es su apellido. Suena ridículo, pero es muy común que te encuentres con tu cita y tengas que preguntarle avergonzada cuál es su apellido. Después, aunque sea un poco complicado, trata de no ser muy explícita cuando te pregunte ciertas cosas: déjale saber en qué trabajas y en qué parte de la ciudad está tu oficina pero no le digas en qué calle. Cuando establezcáis la cita, dale tu número de teléfono móvil, así podrás bloquear sus llamadas en caso de que sea necesario.

Una buena idea

Confía siempre en tu intuición. Si existe, es por alguna razón. Si no te encuentras cómoda en una cita, vete de allí cuanto antes; un buen chico respetará tu derecho a sentirte segura. Y una mala reacción por parte de un hombre es un indicador instantáneo para saber que él no es para ti.

■ Organiza tu primera cita en un espacio neutro, no en tu bar favorito. Esto es por dos motivos: el primero, puede que él no te guste y no te gustará mucho verle aparecer cuando estés con tus amigos preguntándote cuándo vais a quedar de nuevo; el segundo, que seguro que está cerca de casa y debes evitar la tentación de tomar un par de copas y acabar invitándolo a que pase la noche contigo ya que estáis al lado. Elige algún sitio muy concurrido y de fácil acceso para que, al final de la cita, no tengas problemas para volver a casa. Cuando estés en el bar, toma contacto de alguna forma con el camarero para que pueda recordarte después, como bromeando con él o pidiéndole un litro de cerveza (ésta es mi broma personal, pero seguro que encuentras la tuya propia).

■ Cuéntale a tu cita que le has hablado a alguien de él y asegúrate de hacerlo en realidad. Dile a una amiga o amigo dónde vas a estar y lo que has planeado. Es un viejo truco pero tendrás a alguien a quien llamar al móvil y, además de eso, ¡parecerás muy sociable!

■ El transporte es también un asunto clave. No dejes que tu cita te recoja en casa ni que comparta un taxi contigo (y, tal y como harías en una noche normal, toma nota del número de licencia del taxi).

■ No pierdas de vista tu bebida en ningún momento; el uso de drogas en las violaciones va en aumento, así que debes estar alerta (ya que no sólo el hombre con el que estás podría tener acceso a ella). El mismo consejo vale para tu bolso: no pierdas nunca tu bolso de vista porque

Idea 23. Citas seguras

en él están las llaves de tu casa, tu dirección, quizás tu agenda... todo tipo de información personal que es poco probable que desees compartir.

Otra idea más

Consulta la IDEA 22, *Mensaje en una botella*, y aprende cómo beber con sensatez cuando tienes una cita con alguien nuevo.

■ Si sospechas que va a ser un hombre de una sola cita, paga la cuenta a medias; así no te sentirás en la obligación de devolverle la invitación. Incluso si piensas volver a verle, no debes dejarle pagar si es algo que te hace sentir incómoda.

■ Mantén siempre la cordura. Puedes reír, sentir que tenéis química y pensar que puede estar sucediendo algo especial pero, normalmente, cinco horas no son suficientes para conocer cómo es alguien realmente. Algunos «caballeros» están especializados en decir exactamente lo que te gusta oír pero les guían motivos malintencionados.

■ Para las «superparanoicas», hay algunas cosas que te harán sentir que estás tan segura como el Pentágono... Crea una cuenta de correo separada sólo para las citas de forma que no tengas que responder si no te apetece y haz que tu número de teléfono no pueda identificarse solicitando el servicio de identidad oculta a tu operadora. Ambas ideas resultan de especial utilidad si quedas con gente a través de Internet de forma habitual.

La frase

«Si deseas tener éxito en la vida, haz de la perseverancia tu mejor amiga, de la experiencia tu mejor consejera, de la precaución tu hermano mayor y de la esperanza tu sabio guardián».

JOSEPH ADDISON, ENSAYISTA, POETA Y POLÍTICO INGLÉS

¿Cuál es tu duda?

P   Acudí a una cita y puse todos tus consejos en práctica, pero me sentí como si fuera una completa mojigata. ¿Seguro que no hay una forma segura de quedar que no sea ésta? Sólo me faltó hacerle un cuestionario por escrito y cachearlo en la puerta por si llevaba armas.

R   *Eso quizás le hubiera dado una idea errónea. Escucha, casi todos los hombres con los que te cruces serán agradables y normales, pero no todo el mundo es así y los tipos malos no suelen llevar dos cuernos y un rabo que los distinga del resto.*

P   Pero yo no quiero parecer una persona loca y neurótica, no es algo que resulte precisamente excitante.

R   *Ya, pero tampoco te gustará parecer una mujer tan desesperada por una cita que olvida por completo su seguridad.*

P   Pues no, no me gustaría. ¿Seguro que no hay un término medio?

R   *No entre estar a salvo y estar en peligro: esto es como el blanco y el negro. Sólo te sientes mal porque sientes que estás siendo falsa y artificial; cuando hayas practicado las citas seguras unas cuantas veces, te acostumbrarás a todas estas medidas de precaución y te saldrán de forma natural. Si sigues sintiéndote estúpida, piensa en qué consejo le darías a una de tus sobrinas o a tu hermana pequeña y aplícatelo.*

24

La gran helada

Algunas veces las cosas sencillamente no funcionan. Puede que te vaya genial durante tres meses y pienses que todo va sobre ruedas...

Pero antes de que te des cuenta las cosas comienzan a torcerse y cada vez hay más momentos tristes que alegres.

Cuando le preguntas qué es lo que va mal, te dice que nada y te acaricia la rodilla. Ponte el abrigo y sal de allí corriendo; ese hombre está cavando un túnel de huida.

¿Por qué las mujeres insistimos en seguir con una relación que ya no resulta satisfactoria? Porque elegimos escuchar lo que él dice con su boca y no con sus acciones. Sería fantástico si los hombres simplemente dijeran: «Esto ya no funciona. Gracias por los buenos momentos que hemos pasado. Espero que seas feliz». Pero, en la realidad, es mucho más probable que ellos dejen que te enfríes poco a poco y que esperen que seas tú la que se desenchufe a tener que hacer el desagradable trabajo de acabar ellos mismos con la relación. Nuestro problema está en que nosotras podemos aguantar hasta la muerte, imaginándonos que podemos hacer las cosas mejor,

intentar agradar con más fuerza todavía. Así que, mientras él espera a que vayas hacia la salida, consigue sexo regular, una mujer superatenta y la comodidad de tener a alguien cerca. Y mientras tanto tu autoestima se desliza poco a poco por el desagüe.

Una buena idea

En estos momentos, puedes llegar a pensar que tu relación está pasando por una mala racha, lo cual podría ser cierto. Si comienzas a reconocer señales de alarma, siempre puedes preguntar de forma calmada a la otra persona si quiere que lo dejéis (pero no debes hacerle esta misma pregunta todos los días; le volvería loco). Puede que te sorprenda con un rotundo «sí» o puede que abra una discusión que puede aclararlo todo. Pero también debes preguntarte si quieres formar parte de una relación que esté basada en este tipo de intercambios.

¡VENGA, DESPIERTA!

La mejor forma de manejar a un hombre que siempre está de aquí para allá es dejarlo ir. Puedes pensar que todo es adorable pero si él ya no lo es, ¿para qué intentar convencerlo? Él sólo pensará en intentarlo de nuevo y salir corriendo en cuando tenga otra oportunidad, seguramente cuando estés más comprometida con la relación y te sea más difícil dejarlo ir. Muchas veces no serás capaz de averiguar las razones por las que tu pareja decida dejar la relación: no necesariamente tiene que haber vuelto corriendo a los brazos de su ex, quizás quiere centrarse en su trabajo o ha dejado de sentir lo mismo. La forma en que tú lo controles, sin embargo, es tu responsabilidad. Si está bien sentirse enfadada y un poco rechazada (es natural, después de todo), no es admisible saltar sobre su espalda e intentar persuadirle de que eres la mujer de su vida a menos que te sientas realmente preparada para aguantarlo durante los siguientes veinte años. Yo le llamo a este deseo de agradar el síndrome de «la tristeza del martes». Básicamente, incluye el «si yo fuera un poco más delgada/más rubia/más elegante/más en forma» que pueden compararse a la superstición de «si me hubiera puesto un sombrero azul el martes». Si no eres la mujer correcta, intentar convertirte en ella no va a convencerle. Las buenas relaciones permiten a los dos miembros de la pareja cambiar, precisamente porque lo realmente importante se mantiene firme y seguro, que es que la otra persona quiere a su pareja exactamente como es.

Otra idea más

Para aprender cómo dejar atrás el pasado y cómo prepararte para conocer a alguien nuevo, consulta la IDEA 14, *Dale al pasado el lugar que le corresponde.*

SIGNOS DE ADVERTENCIA DE QUE ÉL ESTÁ A PUNTO DE SALIR POR LA PUERTA

Si eres capaz de mirar la relación desde fuera, siempre hay algunas pistas que te pueden indicar que la relación está en peligro.

- La comunicación se extingue. El teléfono suena con menos frecuencia y cuando por fin llama se despide dos segundos después de haber dicho «hola». Cuando estáis juntos, te sorprendes a ti misma devanándote los sesos buscando algo que decir pero él no hace nada por buscar un tema de conversación. Sus frases son cortas y nunca te da detalles de cómo le ha ido el día, ni te hace bromas ni comparte sus pensamientos contigo. Prácticamente cualquier cosa que pongan en la tele le resulta más interesante que tú, incluso los programas de jardinería.

- Nunca haces nada bien. Ahora dice que te hace gorda el que antes era su top favorito, tus amigos le irritan y nunca se ríe de tus historias divertidas. Dice que tienes la culpa de los problemas que antes compartía contigo. Si tiras una copa, comienza una discusión a gritos. Ésta es la técnica del «poli malo», cuando él te provoca constantemente para que seas tú la que lo deje. Si las cosas se ponen de ese modo, debes actuar rápido. Si no lo haces, no sólo acabarás sintiéndote culpable por la ruptura, sino que, probablemente, lo prolongues por tanto tiempo que comiences a sentirte mal contigo misma. Es la forma más mezquina y más dañina de dejar a alguien, así que mantente atenta.

■ Quiere volver a su vida anterior. Ya no recibes una invitación a todo lo que él haga, no te cuenta quién le ha llamado y, cuando hace planes, habla todo el tiempo en singular, dejando de utilizar el «nosotros». Lo cierto es que lo único que le quedaría sería poner tus cosas en una maleta; ese es el evidente mensaje que te está enviando.

La frase

«Siempre dicen que las cosas van a cambiar pero, en la realidad, tienes que acabar cambiándolas tú mismo».

ANDY WARHOL

¿Cuál es tu duda?

P Mi novio hace todas esas cosas que dices pero niega rotundamente que quiera dejarlo. Estoy muy confusa. ¿Qué es lo que está pasando?

R *Puede sentirse asustado con el cambio y no quiere decírtelo. Intenta preguntarle alguna otra cosa.*

P ¿Cómo qué?

R *Como lo que quieres realmente de él. Quizás deberías tomarte algún tiempo para pensar qué es lo que quieres tú en vez de qué está él preparado para darte. Escribe una lista de todas las cosas que hace justo al revés de como que te gustaría.*

P Creo que le amo. ¿Qué pasa si me deja?

R *Me encantan los pasteles pero la verdad es que no me hacen ningún bien. Conseguirás lo que quieres así que no te conformes con menos.*

25

Lo que quieren los hombres

De acuerdo, de acuerdo, vamos a dejarlo claro, señoras. Por supuesto, todos los hombres quieren «eso», pero también hay otras cualidades que buscan.

Y hay algunas verdades universales sobre cómo son los hombres, igual que las hay sobre las mujeres.

AMOR

Lo creas o no, los hombres muestran tanto entusiasmo como nosotras cuando establecen una conexión y no lo confunden con el buen sexo. Si encuentran alguien con quien compartir sus cosas, en quien confiar, el amor pasa de inmediato al primer puesto en la lista de prioridades de cualquier hombre. Pero no confundas el deseo de amor con el deseo de comprometerse: eso viene después.

DESEO

Quieren que les desees de la misma forma que ellos te desean: y, sí, ellos quieren que estés dispuesta a embarcarte en cualquier tipo de relación. No tienes por qué encajar en el tipo de la supermodelo de moda, pero sí desean a alguien que esté orgullosa de su aspecto y de su cuerpo. No hay nada menos atractivo que alguien que te enseña su celulitis y te dice cuánto la odia (de hecho, se llama «publicidad negativa»). Deja de hacerlo. Puedes pasearte por la casa sin maquillaje y con tus carnes saltando y a él le parecerá atractivo si parece que te sientes contenta haciéndolo, pero cámbialo por un pelo grasiento y algo de lloriqueo y te encontrarás sola de forma instantánea.

Una buena idea

Además de aprender algo más sobre la mente masculina, podría ser un ejercicio muy útil que te plantearas cuáles son en tu opinión las cualidades ideales en un hombre, y después intentar hacer que sean una realidad en tu próxima relación. Será mejor que pensar que él puede adivinar el pensamiento.

ALEGRÍA

Las personas alegres son como imanes de la suerte; todo el mundo quiere estar a su alrededor, aprender su secreto, estar alegres por ósmosis. Y aunque nadie puede estar alegre todo el tiempo, tu visión del mundo es bastante importante. Sólo el más desagradable de los hombres quiere tener alrededor a una mujer deprimida y normalmente se debe a que es su forma de sentirse superior. Si tienes problemas personales, intenta controlarte; aunque resulta totalmente apropiado compartir tus historias con tu amado, él no es tu psicólogo. También necesita algo de alegría.

AMISTAD

Esto no debe confundirse con convertirse en uno de sus amigotes. Aunque les gusta todo lo que conlleva (lealtad, preocupación, diversión y compañía), no quieren que juegues a superar a sus amigos en una competición de eructos. No finjas un interés en el fútbol que nunca has tenido; siempre encontrarán a otro que les acompañe al partido.

APOYO

Las críticas constantes constituyen un fuerte desgaste y son una trampa fácil en la que caer. Mantener a flote el ánimo de una persona, ser agradable con sus amigos y compañeros de trabajo son formas de que alguien se sienta querido y cuidado. Si puedes hacerlo sin que tenga que recordártelo, conseguirás crear más confianza, que es uno de los factores vitales en cualquier relación.

> ### Otra idea más
>
> ¿Quieres practicar tus nuevos conocimientos? Lee la IDEA 47, *Cómo atraer a cualquier objetivo*, para saber cómo encontrar a un hombre.

SENSATEZ

Lo que antes parecía excitante y estupendo de repente se convierte en una tarea horrible. Una mujer neurótica, gritona e histérica puede ser un estereotipo sexy en las películas pero resulta una pesadilla si la tienes en tu vida como amiga o como pareja. Al fin y al cabo, las mismas cualidades que en un hombre pueden gustarte, como a cualquier persona racional: alguien con quien puedas hablar y en la que puedas apoyarte, alguien al que respetes y en quien confíes. El monte Everest puede constituir un reto, pero nadie quiere quedarse a vivir allí.

DESAFÍO

¿Qué supone un buen reto? Una mujer que marca su territorio y se conoce a sí misma, que se muestra cortante cuando alguien trata de probarla y que no se vuelve demasiado permisiva cuando parece que fuera invisible. Si alguien te defrauda sé clara sobre tus sentimientos; los hombres responden a las afirmaciones directas (las histéricas los agobian) y así le demostrarás que te valoras mucho más. Eso hará que ellos te valoren también.

La frase

«El hombre es un animal doméstico el cual, si lo entrenas con firmeza, puede aprender a hacer la mayoría de las cosas».

JILLY COOPER, NOVELISTA BRITÁNICA

CONSIDERACIÓN

Sorprendentemente, ¡los hombres responden a los mismos estímulos que las mujeres! ¿Alguien lo había pensado antes? El desayuno en la cama, asegurarse de que tiene algo que comer en el frigorífico cuando llegue a casa si ha tenido que trabajar hasta tarde y prepararle la medicina cuando está enfermo... Puede sonarte algo raro, algo así como volver a comportarte como una mujer de los años 50, pero éstos son los pequeños actos de consideración que hacen que a una mujer se le doblen las rodillas. El resto del mundo se muestra indiferente para con sus pequeñas crisis personales, cosa que tú no deberías hacer. Por supuesto, estos actos deben tener una respuesta por su parte pero los estudios señalan que los actos de bondad consiguen que tanto el que da como el que recibe se encuentren igual de bien, así que si conseguís el equilibrio ambos podéis nutriros de lo mismo. Puedo sentir que la paz mundial está a la vuelta de la esquina...

ESPACIO

Por último, los hombres quieren espacio (y cualquier mujer emocionalmente sana debería desearlo también). Los hombres quieren el espacio para poder tomar sus propias decisiones, tener sus propios pensamientos privados o,

Idea 25. Lo que quieren los hombres

sencillamente, no pensar en nada. Una parte de la genética femenina quiere saber siempre dónde y cómo va todo pero ten claro que los hombres no soportan esa presión. Si lo llamas constantemente al trabajo y esperas que recuerde el nombre de cada uno de tus treinta sobrinos y de sus mascotas, entonces lo que estás esperando es que se comporte como una mujer. Pero para eso está tu mejor amiga. Sólo las mujeres adolescentes esperan compartir cada uno de los detalles íntimos de sus vidas con sus parejas.

¿Cuál es tu duda?

P Probé a no llamar a mi novio al trabajo y ahora tengo miedo. Él me ha llamado. ¿Qué hago?

R *Umm, ¿no es eso bueno?*

P Sí, pero me siento como si estuviera haciendo vudú. ¿Por qué ha funcionado?

R *Porque le diste la oportunidad de echarte de menos. La naturaleza odia el vacío; dale espacio para tomar sus propias decisiones y él te querrá, él te elegirá. Así, ambos estaréis seguros de que llama porque quiere, no porque se sienta presionado.*

26

Cuándo acometer la hazaña

El sexo es fantástico, una parte esencial de la vida de mucha gente y algo que está inexorablemente unido a las citas.

Y la cuestión principal es cuándo pasar de las citas a la cama y cuándo llega ese momento ha sido siempre un asunto que suscita un encendido debate.

Vamos a comenzar echando un vistazo a algunas de las claves.

¿EN QUÉ TE CONVIERTES DESPUÉS?

Para algunas personas, las citas son como jugar en un campo y probar a algunos de los compañeros de equipo. Para otras, es un medio para llegar a un fin, una forma de encontrar una relación más cercana y comprometida. No hay nada que decir sobre esto salvo que los dos tipos se excluyen mutuamente y que ambos se dan con igual frecuencia. Tienes que pararte y pensar qué esperas de las citas: si te lo planteas como un par de años comportándote como una persona libre y sin problemas, entonces algo de  sexo sin ataduras con algunos hombres afortunados puede ser exactamente lo que necesitas. Sin embargo, si estás buscando algo más permanente, debes pensar más seriamente sobre las elecciones sexuales que realizas.

Una buena idea

...na el control de los mensajes que envías de forma silenciosa. Si quieres ...nseguir algo más que una noche estupenda, no lleves la conversación a temas sexys a los que no estás preparada para llegar. Coquetea pero no le dictes todas las páginas de biología de la enciclopedia. Además de inducir a confusión, parecerás una estupenda chica para pasar un rato, pero no una chica para una relación larga. Haz muchas preguntas sobre las experiencias e intereses de la otra persona para hacerle saber que quieres algo más que simple diversión física.

LA BIOLOGÍA

Cuando las mujeres practican el sexo, segregan una hormona que se llama oxitocina (a la que también se conoce como «la hormona amorosa») la cual, entre otras cosas, hace que la mujer se sienta más unida a su pareja y que la embargue un sentimiento de bienestar. Esto es realmente importante porque puede ser la causa por la que te sientas «unida» a alguien que en realidad no conoces, sólo porque te hayas acostado con él. Puede nublar tu entendimiento e impedirte evaluar si sois de verdad compatibles. A nivel emocional, algunas mujeres pueden confundir la intimidad creada durante el sexo con algo más significativo; esto resulta especialmente posible si has estado sola durante un tiempo. Si alguna de estas ideas te resulta familiar, entonces debes considerar la posibilidad de esperar cierto tiempo antes de llegar más lejos. Si continúas con tu hombre, será mejor que hayas esperado; si lo dejas, será mucho más fácil la separación.

EL SÍNDROME DE CHICA BUENA VERSUS CHICA MALA

No debería suponer una diferencia, en nuestro mundo tan avanzado, lo que elijamos hacer con nuestros cuerpos. Pero los demás interpretan tus acciones de forma diferente independientemente de cuál fuera tu intención. Después de preguntar a muchos hombres, me han dejado completamente claro que si quieres entablar una relación debes posponer la práctica del sexo. Cuánto tiempo es algo que ya decides tú, pero el sexo en la primera cita está completamente prohibido. Esto también está relacionado con que los hombres desean sentir que mereció la pena «la caza». Si retrasas el momento, es más probable que él piense que eres material de «noviazgo» mejor que si sacas el látigo inmediatamente después conocer su apellido. Y, además, dejar que una relación se construya sexualmente poco a poco también contribuye a aumentar la intriga y el deseo sexual.

Otra idea más

Lee la IDEA 43, *La elección del anticonceptivo*, para encontrar algunas ideas sobre cosas que deberías decidir antes de mantener una relación sexual.

Por supuesto, siempre hay parejas que se han ido a la cama a la primera de cambio y sesenta años después siguen juntas, pero esto sucede más porque ellos tienen una buena sintonía emocional que porque sean una prueba viviente de que no se arruina todo precipitando las cosas. Aunque todavía creo que la espera es la clave, también pienso que cuando *sabes* que tiene que ser, no puedes equivocarte.

LA GRAN TRAMPA DEL SEXO

Para algunas mujeres, una buena relación no cuenta a menos que el sexo sea estupendo, así que «una prueba» es una parte esencial para saber si las cosas irán más lejos o no. Esto está bien si ambos sois estrellas del porno internacionales a tiempo parcial, pero a la mayoría de nosotros nos lleva un tiempo sintonizar físicamente con nuestras parejas y entender el cuerpo de alguien nuevo, así que no rechaces la posibilidad de repetir sólo porque la primera vez no hayas visto cohetes en el cielo. Muchas parejas confirman que el sexo mejora mucho cuando se van conociendo mejor el uno al otro.

Por supuesto, la otra cara de esta moneda es que puedes ser del tipo de persona que ama la excitación y el atrevimiento que una cita de una sola noche puede proporcionarte. Pero tienes que pensar si este comportamiento te está sirviendo en el caso de que ninguna de tus citas llegue a convertirse en una relación porque sólo te sientes capaz de salir con extraños.

La frase

«Si el sexo es un fenómeno tan natural, ¿cómo es que existen tantos libros sobre cómo hacerlo?».

BETTE MIDLER, ACTRIZ NORTEAMERICANA

¿Cuál es tu duda?

P   Me encanta el sexo, así que ¿por qué tengo que esperar si nos sentimos atraídos el uno por el otro?

R   *Porque llegar al sexo es fácil mientras que conseguir una relación duradera requiere una aproximación diferente.*

P   Pero si sólo me juzga por ser abierta en el tema del sexo es que él no es para mí, ¿correcto?

R   *No todos los que tienen sexo enseguida lo hacen porque tengan una mentalidad abierta, de la misma forma que no todas las relaciones monógamas de larga duración son aburridas. Si saltas a la cama puedes dar a entender que ésa es tu prioridad y que no deseas iniciar una relación.*

P   Seguro que puedo explicarle que también estoy interesada en una relación.

R   *Por supuesto y prepárate cuando lo hagas porque sonarás completamente desesperada. Nadie quiere que le empujes al papel de novio sólo porque tú quieras tener a alguien con quien estar. Es importante sentir que la otra persona te desea a ti, no a cualquiera que le ayude a pagar la hipoteca.*

P   ¡Ayuda! ¿Entonces me tengo que conformar sin sexo?

R   *No, puedes tener encuentros con personas que no te interesen para ir más allá, pero si encuentras a alguien especial, trátalo de la forma especial que se merece. Seguro que obtienes una recompensa.*

27

Los nuevos chicos malos

A todos nos gusta pensar que somos únicos y que nuestro molde se rompió cuando nos hicieron... Pero la realidad es diferente.

Las personas pueden clasificarse dentro de ciertos «tipos». Estupendo si es que hablamos del tipo «amoroso» o «fantástico para pasar una noche». Pero son otros «tipos» con los que debes tener cuidado.

Así que tan pronto como una mujer inteligente descubre que su cita se revela como alguno de los tipos siguientes, debe huir enseguida por la ventana del baño. Si le lleva un poco de tiempo revelar su verdadera naturaleza, debe correr dos veces más rápido: puede ser del tipo «dos caras», alguien que sabe cómo ser agradable pero sólo lo hace para conseguir lo que quiere. Es el más peligroso de todos. Así que, toma nota.

EL HOMBRE CASADO

Sí, puede parecer obvio pero muchas mujeres caen en sus redes debido a los encantos de estos hombres. Después de todo, se comprometió una vez ¿no? Aunque algunas personas encuentran al amor

de su vida mientras están con alguien más, una buena regla a tener en cuenta es que si alguien no acaba con su matrimonio en seis meses, probablemente no llegue a hacerlo nunca. Entre tanto, seguirás siendo la misma mujer soltera en las bodas y además te sentirás como una cínica. Además, debes preguntarte sobre la moral de ese hombre: si trata a su mujer de ese modo, puede (y probablemente lo hará) tratarte a ti de la misma forma. El único hombre casado al que puedes considerar es aquel que te pide que lo dejes solo y que te asegura que te encontrará una vez que haya acabado con su matrimonio.

Una buena idea

Si te sientes insegura respecto a un hombre, haz una lista de los pros y los contras y después escribe cómo te hace sentir. Si, por ejemplo, descubres en tu lista que «la falta de confianza» aparece más de una vez debes ser capaz de ver que se comporta de forma sistemática, aunque él no sea consciente de ello. Explica cómo te afecta y averigua si él está dispuesto a hacer un esfuerzo por cambiar (puede ser que ninguna otra se lo haya planteado antes). Si no lo está, probablemente habrá llegado el momento de dejarlo.

EL DOMINADOR

Después de un tiempo estando sola, el Dominador puede parecernos como una bocanada de aire fresco. Demuestra interés por todo lo que haces, desde la forma en que organizas tus armarios hasta cómo te tratan tus amigos; es estupendo tener por fin a alguien con quien compartirlo todo. Pero pronto comenzará a decirte que no haces la colada de la forma correcta (aunque él nunca la haga) y que tu mejor amiga es aburrida (porque no aguanta que nadie más tenga influencia sobre ti). Ser un loco del control no es una muestra de amor, aunque él se justifique con eso: es una muestra de poder. Y, cuidado, no siempre impondrá su poder gritando: puede demostrar su falta de aprobación lloriqueando («no cariño, así no; ahora lo has estropeado») o fijándose en pequeñeces. Déjalo, antes de que tu confianza en ti misma lo haga.

EL CORAZÓN ROTO

Su exnovia/madre/gata lo dejaron herido emocionalmente y a ti te toca escuchar «todo» sobre lo que le hicieron. Alternativamente, te echará la culpa o tendrás que explicar y justificar el comportamiento femenino en general. Prepárate para una mirada vidriosa cada vez que paséis por su viejo apartamento o su árbol o restaurante favorito. Hay dos tipos de Corazón roto: el tipo que lo está arreglando y que probablemente se recupere y el que vive en una neblina de auto-indulgencia y que adora el drama de sus propias miserias. Básicamente, eres una mujer de transición vestida con uniforme de enfermera; si te gusta ese hombre, ofrécele una buena cuerda donde agarrarse y deja que encuentre a otra enfermera. Tendrás una mejor oportunidad de que salga bien si eres la mujer *de después* de la mujer *de después* (¿lo pillas?).

Otra idea más

Lee la IDEA 28, *El teléfono deja de sonar*, para conocer otros tipos de hombre de los que debes alejarte.

EL ZALAMERO

James Bond no tiene nada que ver con este hombre. Tiene mucha labia y una trampa de pegamento en la que tiene a muchos pájaros atrapados con las patitas pegadas. ¿Restaurante? Reservado. ¿Flores? Te las entrega un repartidor y son de tu color favorito. ¿Ropa? Exquisita. ¿Su casa? Salida de una revista de interiores. Puede incluso decirte cómo ama y admira a las mujeres. Pero ojo: mujerES, no UNA mujer. Y un hombre que piensa que los seres humanos son intercambiables porque tienen los mismos cromosomas XX se parece mucho a un misógino; no puede dejar pasar una falda sin hacer algo al respecto. Antiguamente, este hombre se conocía como el «viejo soltero de oro», lo que era hasta que acababa sus días debido a un infarto mientras estaba encima de alguna jovencita de diecinueve años.

La frase

«Cuando el carácter de un hombre no está claro para ti, mira a sus amigos».

PROVERBIO JAPONÉS

EL LLORÓN

Todo lo que hace es una hazaña. El trabajo es una pesadilla, sus amigos siempre están contra él y odia su vida. Éste es un tipo muy común de Llorón, el que espera que siempre seas su almohada en la que reposar su dañada autoestima. Pero, probablemente, también sea el menos peligroso; otros Llorones son esos hombres que siempre están pidiendo dinero prestado porque han agotado el crédito de sus tarjetas, los que pierden los nervios por cualquier cosa y te utilizan como un saco emocional, si es que no terminas siendo un «saco» físico... Reconocerás a un Llorón porque te sentirás aliviada en cuanto deje de vivir contigo. Espero no tener que decirte lo que debes hacer después.

¿Cuál es tu duda?

P He conocido a un gran tipo pero le gusta decirme qué es lo que tengo que hacer. ¿Me estás diciendo que debo dejarlo de inmediato?

R *Algunas personas desarrollan malos hábitos en su forma de hablar y llegan a casa del trabajo dando órdenes como si todavía estuvieran allí. Si piensas que se corresponde con este patrón, explícale que te hace sentir mal y pídele que deje de hacerlo. Si no es un dominador real, podrá hacerlo sin problema.*

P Pero no quiero que deje de preocuparse. ¿Lo hará también?

R *Existe un término medio. Si deja de prestarte todo tipo de atención y no se preocupa por ti porque no te doblegas a su voluntad, es que es del tipo Dominador. Y te advierto que irá a peor. Hay una diferencia entre Don Perfecto y Don Perfecto En Todo, Todo.*

Idea 27. Los nuevos chicos malos

28

El teléfono deja de sonar...

Entonces vuelve a sonar, y luego para otra vez. Y como no tenemos el poder de adivinar el futuro, simplemente jugamos a «espera y verás».

Las personas se unen por todo tipo de razones: compañía, atención, diversión y sexo son sólo algunas de ellas...

A veces sale bien y a veces no; no hay necesidad de estresarse. A menos, por supuesto, que te estén usando descaradamente. Es triste pero cierto: una gran parte de la población masculina está ahí esperando sólo para sorberte hasta que te seques... y no en el buen sentido precisamente.

Así que, ¿cómo saber si alguien se está aprovechando de ti? Normalmente puedes sentir cómo alguno de tus «recursos» se resiente: tu energía, tu dinero, tus relaciones con otros, tu confianza en ti misma; básicamente, la sustancia que utilizas para renovarte y sostenerte se ha convertido de repente en sus reservas. Lee atentamente esta lista de vampiros para saber si alguno está llamando a tu puerta. ¡Que se disparen las alarmas!

EL PEDIGÜEÑO

Oh, seguro que lo conoces, su crédito se ha agotado, su tarjeta ha muerto, su lavadora está rota... Suele quedarse en tu casa, pedirte tu coche prestado, hacer una colada con *tu* detergente. Le encantaría llevarte a cenar fuera pero no puede permitírselo, porque las cosas no andan muy bien ahora en su trabajo y está preocupado por no poder afrontar la cuota mínima de la asombrosa deuda de su tarjeta de crédito… Antes de conocerlo bien, te  inquietas por el estado de sus finanzas y le ofreces un trabajo extra (que no puede aceptar debido a su asma). Una de las peores cosas en él es que siempre tiene poco dinero, pero lo más insidioso de vérselas con un Pedigüeño es que *nunca* va de frente. Si lo pones en la calle, sacará de nuevo su carita de niño abandonado y encontrará a una nueva enfermera antes de que tu puerta se cierre con lo que tú te sentirás como una tonta. Lo que parece que te ayudaba en un principio, enseguida se convierte en una carga, así que échalo de inmediato y si todavía necesitas cuidar de alguien piensa en tener un bebé o en comprar un perro.

Una buena idea

¿No estás segura de que tu hombre encaje en una de estas categorías o en otra similar? ¿Piensas que te estás comportando como una tonta pero no puedes decidir? Cambia los roles e imagínate pidiéndole a él los mismos favores o dándole las mismas excusas. Si nunca los pedirías, tampoco debes darlos.

EL PROFUNDO

Oh, ¡qué bonito era ser adolescente! ¿Recuerdas lo dramático y excitante que era todo? Sentados a altas horas de la madrugada pensando y discutiendo sobre las injusticias del mundo, acompañados por una botella de vino tinto barato? Por supuesto, cuando tu única responsabilidad consiste en aprobar un examen de matemáticas o en realizar un trabajo de literatura, sentarse a hablar de la vida no supone un problema. Sin embargo, cuando te conviertes en adulto, un hombre que parece profundo y comprometido puede transformarse en una auténtica pesadilla cuando llegas a casa después de un día de duro trabajo. Si de repente te das cuenta de que eres el vaso que ese hombre ha elegido para derramar sus lamentos interminables, dale el número de un psicólogo y sal corriendo. Ese hombre es un descontento y si no puede tomar las riendas de su propia felicidad, nunca podrá cargar con la responsabilidad de tomar parte en la tuya. Si te resulta difícil decirle adiós, no te preocupes: déjalo con la palabra en la boca; tardará un par de horas en darse cuenta de que has abandonado la habitación.

EL TREPA

¿Qué es eso de que te hubiera gustado que te regalara algo por tu cumpleaños? ¿Estás loca? ¿Es que no te das cuenta de lo liado que está en el trabajo? ¿Lo estresado que está, lo importante que es? Si no estuvieras todo el tiempo pensando en ti misma, podrías ver que tiene que pasar cuatro noches a la semana entreteniendo a sus clientes/amigos/contactos si quiere acercarse/mejorar sus oportunidades de llegar a ser presidente de los Estados Unidos. Una relación con un hombre como éste suele terminar en el momento en que él «rebaja» el nivel y se va con otra mujer que realmente esté ilusionada con su meta, una vez la consiga, claro. Él simplemente te deja estar a su lado mientras se concentra en dominar el mundo. Suelta amarras lo antes posible.

Otra idea más

Lee la IDEA 27, *Los nuevos chicos malos*, para saber más sobre qué hombres deberías evitar como si fueran una plaga divina.

EL «MENSAJEADOR»

Has tenido una cita. Ha sido estupendo y te sientes sexy, inteligente, divertida y valorada. Habéis dormido o no juntos. De cualquier forma, esperas saber de él pronto. En cualquier momento. ¿Se ha estropeado el teléfono?

Estás segura de que él lo paso muy bien también, de hecho, fue eso lo que dijo… Pero, cuando estás a punto de explotar, te escribe un mensaje y te dice algo sobre que ha estado muy ocupado fuera de la ciudad en un viaje de trabajo/cuidando a su hámster enfermo. Te sientes revivir y el flirteo telefónico comienza de nuevo: no puede verte en este momento pero le encantaría que quedarais pronto. Después, otra vez el silencio. Sólo te hace compañía el sonido del viento en la ventana de tu dormitorio. De repente, una llamada llena de buenos deseos y alegría. ¿Te vas enterando? Este hombre *no* está interesado en ti; está utilizando estos pequeños toques de contacto para inflar su débil ego porque sabe que todavía puede captar tu atención si quiere. Bloquea su número de teléfono y niégate a seguirle el juego; está utilizándote. Si no juegas, no puedes perder.

La frase

«Para construir el futuro, no hay nada mejor que un sueño. La utopía de hoy, mañana será carne y sangre».

VICTOR HUGO, *LOS MISERABLES*

¿Cuál es tu duda?

P Oh. Creo que estoy saliendo con un mensajeador. Pero él es el único interés amoroso en mi vida ahora mismo. ¿Qué hago?

R *Él es el interés amoroso de su vida. Eres básicamente el equivalente espiritual del sexo oral mientras él encuentra a alguien con la que se pueda comprometer lo suficiente como para tener una cita de verdad con ella.*

P ¿Por qué mantiene el contacto entonces?

R *Está bebido, es viernes por la noche, está aburrido, solitario, no hay nada en la tele… ¿Lo entiendes? Déjalo, chica, ¡puedes encontrar algo mejor!*

29

El asunto de la edad

De repente un bombón llama tu atención y te preguntas por qué no había entrado antes en el radio de acción de tu radar. Fácil, porque no pertenece a tu grupo de edad.

Pues sí, el viaje en el tiempo tiene sus ventajas. Puede haber algunas ventajas reales en quedar con alguien de un grupo de edad diferente, pero también existen algunos inconvenientes.

JUEGO DE NIÑOS

Un hombre más joven puede llevar menos equipaje y menos miedos a sus espaldas que le influyan menos para asumir ciertos riesgos o probar cosas nuevas; y puede llevar a tu vida mucha ligereza (que necesitas) después de haber sentido tu corazón roto. Esto se debe a que los hombres más jóvenes no necesariamente buscan un compromiso serio ni sienten la presión del tiempo y por eso puedes disfrutar con ellos el momento sin pensar en las medidas del traje de novia.

¿Suena bien? Por supuesto, pero, naturalmente, también tenemos que hablar de la parte negativa. Quizás tu joven cita tenga un tanto vacío el compartimento de «experiencias vitales», el del dormitorio (no, clítoris no es una isla griega), y el de ser-capaz-de-asumir-grandes-gastos. Quizás tengas que enfrentarte a situaciones del tipo ir al baño a la carrera en medio de la noche porque irrumpen sus compañeros de piso (y encima no hay papel higiénico). Y, desde luego, puedes sentir igualmente el tic-tac de tu reloj biológico al tiempo que él ni siquiera es capaz de oír su reloj despertador para acudir a un trabajo en condiciones. Lenguaje corporal: si eres insegura, los hombres jóvenes no son siempre la mejor opción. Pueden haber visto mucha televisión y haber vivido poco para comprender el concepto de gravedad (o quizás todavía no lo hayan dado en clase).

Una buena idea

La clave para pasar un buen rato con un hombre más joven o más mayor es reconocer desde el principio que estáis en diferentes etapas vitales y de experimentación. Ser relegada porque él todavía necesita pasar mucho tiempo con sus amigotes (más jóvenes) o no querer llevarte a hacer rafting (más mayores) es tu problema, no el de ellos. Sé honesta sobre lo que quieres, si no con tu pareja, al menos contigo misma. Si quieres un compromiso serio o tener niños, escucha lo que tu compañero tiene que decirte sobre sus sentimientos en lugar de intentar persuadirle. Un hombre mayor se conoce a sí mismo lo suficientemente bien como para saber que no quiere comprometerse (especialmente si ya lo ha hecho antes) y un hombre joven quizás se sienta resentido por la presión a la que le sometes y para la que no está preparado. Lo peor de todo: quizás te has enamorado locamente y entonces tienes que aceptar que tienes que dar marcha atrás.

MODELO VINTAGE

Si estás con hombres mayores, sentirás el placer de volver a ser la chica joven y encantadora. Esos dos kilos de más que te obsesionan le resultarán muy atractivos a un hombre mayor. Es más probable que tenga dinero para gastar y su vida en orden, y sabe lo suficiente sobre relaciones como para no tener ese racimo de inseguridades y pequeñas preocupaciones que acosan a los hombres jóvenes. También habrá tenido ya esas tontas conversaciones sobre los juegos preliminares (es decir, por qué es necesario practicarlos) que harán del tiempo que paséis en la cama una experiencia inolvidable (no tendrá la «frecuencia» de un hombre joven pero la suplirá con su experiencia).

Debes tener en cuenta que puedes ser un síntoma de su crisis de mediana edad. Si es así, es poco probable que esté contigo durante un periodo largo de tiempo e incluso puede que esté superando un divorcio reciente. Seguramente, lo que quiere es jugar un poco y salir por la ciudad; así que si buscas a alguien con quien acurrucarte en el sofá y con quien soñar con los colores con los que pintaréis el cuarto de los niños, él no es una buena elección. Y hablando de niños, piensa que puede venir con algo de equipaje... Si tiene hijos, esto afectará a la totalidad de la relación, desde cuándo está disponible, hasta qué días puedes quedarte en su casa. Esto no es algo terrible si es el hombre de tus sueños; sólo debes recordar que hay alguien más que ocupa su corazoncito, y que sólo Cruella De Ville querría expulsar de su lado a esos angelitos.

Otra idea más

Echa un vistazo a la IDEA 41, *Conviértete en la más popular*, para saber dónde debes ir para encontrar a hombres de todas las edades.

También está la posibilidad de que te hayas encontrado con el *eterno soltero*. Si éste es el caso, túmbate en su sofá de cuero, bebe a sorbitos sus estupendos martines (con aceituna incluida), pero no te cueles en su cuarto de baño para dejar tu cepillo de dientes. Este hombre no está buscando a la mujer de sus sueños, aunque puede estar interesado en alguien que pueda llevar su casa: alguien que sepa envejecer con dignidad.

La frase

«Los niños son niños, pero después serán un montón de hombres de mediana edad».

KIN HUBBARD, DIBUJANTE

RELACIÓN DE LARGA DURACIÓN

Bueno, comenzó para pasar un rato divertido y ahora se ha convertido en algo habitual. Cuando mantienes una relación con alguien de diferente edad, debes estar preparada para que todo el mundo te dé su opinión. En algún momento, la gente se muestra asustada por dónde te estás metiendo. Y si hay niños involucrados (los tuyos o los de él), tendrás que dar a todo el mundo una oportunidad para que asuman y acepten el cambio. Está bien, acabarán acostumbrándose.

¿Cuál es tu duda?

P Conocí a un hombre mayor que tiene todo lo que me gustaría encontrar en alguien de mi edad. Tengo la sensación de que él no quiere nada serio. ¿Puedo estar en lo cierto?

R *Confía en tus sentimientos. Está bien que sepa abrirte la puerta y alabar tu vestuario, pero si no quiere lo mismo que tú, te aseguro que no te resultará menos duro porque te lo diga de forma educada.*

P Entonces, ¿debo seguir o dejarlo?

R *Si quieres un poco de diversión y atención, diviértete. Pero si piensas que vas a querer más, no te quedes a su lado para intentar que cambie de idea. Al igual que un hombre joven, seguro que sabe lo que quiere y no soportará que lo presiones.*

30

Conocer a la familia

**Tu relación está preparada para pasar al siguiente nivel…
lo que para muchos significa conocer a la familia.**

La única forma de preparar el encuentro y bienvenida de la familia es trazar un buen plan de juego.

Bueno, bueno, así que estás quedando con alguien. Te ha visto desnuda y ha sobrevivido y probablemente sepa que los pantalones que te pones el sábado por la noche sólo tienen en común con los del miércoles… el elástico. Ahora llega tu última prueba: la familia. No sé si los griegos tienen una palabra para esto, pero deberían. Debe ser algo como «arrrrggggggg» que se traduce como «apuro que pasa a agonía mezclado con algunos sentimientos de vergüenza». A menos, por supuesto, que tus padres sean una auténtica fiesta, en cuyo caso, ellos estarán más cortados que tú.

Formula un plan y atente a él.

REUNIÓN FAMILIAR

En primer lugar, ¿qué va a pasar realmente allí? ¿Es tu madre la típica descontenta a la que no le gusta ningún novio? ¿O tu padre es una pared monosilábica de buenas intenciones que rechaza cualquier tipo de diálogo con nadie que no sea pariente cercano suyo? Básicamente, debes conocer cuáles son tus límites. Sentirse deprimida porque no conseguiste esa alegre reacción que ves en las series de televisión (que, por cierto, no son reales) que sabías que no podías esperar de ningún modo es absurdo. Éste no es el momento para intentar arreglar los viejos psicodramas que han sucedido en tu casa durante años. No llores cuando tu madre critique sus zapatos si ella siempre encuentra algo que criticar: tu mantra aquí es «anticípate e ignóralo». Mejor concéntrate en sacar lo mejor de tu novio. Si piensas de verdad que es un serio aspirante, ¿seguro que quieres que sea capaz de pasar la Navidad con ellos sin sentir la necesidad de salir fuera para ponerse a gritar? La aprobación que esperas quizás debería ser precisamente la de tu novio.

Una buena idea

Si hace mucho tiempo que no ves a tus padres y quieres hacerles una visita de fin de semana, asegúrate de preparar las cosas para que paséis algún tiempo a solas. Mantener una sonrisa constante y conocer a gente nueva puede ser agotador, así que dale algo de tiempo libre. Te adorará por ello.

BAILE EN SU CORTE

Por cierto, nunca intentes convencer a un hombre de que conozca a tu familia si él no quiere, es la mejor manera de animarle a que te deje. La mayoría de la gente considera el encuentro con la familia como algo muy serio, aunque tú tengas la costumbre de presentarle a tu madre a todos tus amigos. Es seguro que irá mal si pasa toda la velada tieso como una estaca y preparado para negar cualquier intención de boda. Si es el adecuado, acabará yendo por su cuenta, no te preocupes.

TERRITORIO NEUTRAL

Otra opción es que decidáis vosotros dónde os vais a encontrar. Si es probable que tu padre lo saque al jardín para enseñarle sus maravillosos árboles, quizás prefieras que os reunáis en un restaurante para que el encuentro no sea tan íntimo. La ventaja del restaurante es, por supuesto, que no es necesario que él vea tu dormitorio del siglo anterior ni tus fotos de adolescente. También puedes poner un horario a la cita (¡sólo cuatro horas, lo prometo!). Y algo más sobre lo que hablar («¿qué es exactamente un *jugo*, un zumo pero en pijo?»). Esto funciona especialmente bien si tus padres son difíciles de manejar (por ejemplo si se pelean por cualquier cosa o tu madre te pregunta que cuándo te vas a depilar el bigote), porque las miradas no sólo se dirigirán a ti. No tendrás que bailar a su ritmo si no estás en su territorio.

Otra idea más

¿Es realmente importante que lo lleves a tu casa? Consulta la IDEA 52, *¿Lo hemos conseguido?*, para averiguarlo.

EL DESCANSO DE LAS TROPAS

Dile a tu madre que no mencione el hecho de que te comprometes con demasiada facilidad con los hombres y pide a tu padre que no le hable a tu pareja de política si piensas que este tema puede provocar problemas. También puedes lanzarles a los dos un hueso del tipo «papá, Juan adora las carreras de coches» o, si tu madre va a cocinar, dile en secreto cuál es su plato favorito; servirá para que haya buen ambiente entre todos. (También deberías asegurarte de que tu novio compre algunas flores y una botella de vino).

Necesitas prepararle para el gran día. No te dé miedo mencionar el hecho de que tu madre adora tomar un gin tonic, o varios; es mejor eso a que lo descubra cuando se caiga encima de las macetas. Incluso aunque no quieras decírselo, si lo haces evitarás una larga conversación con recriminaciones cuando termine la velada. Pero no seas tan sincera que despiertes en él los deseos de matarlos porque fueron crueles contigo cuando tenías cinco años. Una vez que comienza a rodar la pelota, es difícil pararla.

La frase

«La felicidad es formar una amorosa, enorme, cariñosa y unida familia en otra ciudad».

GEORGE BURNS

NO SIENTAS VERGÜENZA

Por último, hay unos límites a lo que puedes hacer. Tus padres te han criado, pero eso no significa que seas igual que ellos. Si actúan de forma incorrecta, meten la pata hasta el fondo y preguntan a tu chico sobre su dinero, déjalo pasar. Después de todo, él no va a pasar el tiempo con ellos ¿no? Los hombres sensatos saben que no todo puede ser perfecto y podrán soportarlo, y no te reprenderán por tener unos padres un poco locos.

¿Cuál es tu duda?

P   La semana que viene vamos a conocer a nuestros padres respectivos y estoy realmente nerviosa. ¿Puedes ayudarme?

R   *Háblalo con tu chico. Quizás él te transmita seguridad y te asegure que él te seguirá queriendo pase lo que pase.*

P   Pero, somos una familia muy unida y quizás él no encaje. ¿Cómo me aseguro de que lo hace?

R   *Dos cosas. Primera, corta el cordón umbilical, tu relación sólo puede aguantar la responsabilidad de vosotros dos, no puede cargar con una familia entera. Segunda, ¡tiempo muerto! No te la juegas en veinticuatro horas; puedes intentarlo cuántas veces quieras.*

31

El dinero: ese difícil asunto

Hoy en día el mundo de las citas es confuso y a ello contribuye el hecho de que muchas mujeres son independientes, no necesitan escoltas para salir y pueden permitirse comprar sus propios bolsos.

Así que, además de las tradicionales normas sobre quién invita a salir a quién, también tenemos el espinoso asunto de quién paga la cuenta...

Como norma general, es el que invita a salir el que suele pagar. Sin embargo, el dinero no es un asunto neutro y tienes qué decidir qué impresión quieres causar antes de tomar una decisión sobre cómo actuar.

LOS CAZADORES RECOLECTORES

Muchos hombres se sienten incómodos cuando una mujer quiere pagar la cuenta; actuar como proveedor es el último vestigio de su masculinidad (no te rías, es una parte importante de la identidad de un hombre normal). Puedes pensar que estás siendo educada cuando sugieres establecer turnos para pagar las copas, pero la vida es un poco más complicada que eso. También tienes que considerar el equilibrio que estás creando: no puedes quejarte de que no te trata como una princesa si echas a perder todas las oportunidades que se le presentan para hacerlo.

Por supuesto, algunos chicos quieren ser las princesas, lo cual está bien, siempre que ellos se compren su propia corona; ten cuidado con un hombre que nunca paga ni te invita.

Una buena idea

Practica el truco de la tarjeta de crédito. En algunas citas sentirás que lo apropiado es pagar la mitad de la cuenta o incluso la cuenta completa. Quizás porque fuiste tú la que lo invitaste o porque la cita fue tan desastrosa que no quieres sentirte en la obligación de volver a verlo. Una de las maneras de evitar la incómoda discusión sobre quién paga es interceptar al maitre cuando vayas al lavabo y darle directamente tu tarjeta de crédito. Pero si la cuenta llega hasta la mesa, desliza tu tarjeta y pónsela en la mano al camarero, quitándosela de las manos a tu cita. Si discute contigo, considera la opción de dejarle pagar; invitar a una cena no significa mucho hoy en día y si te demuestra que sí que le importa, recuérdale que existe una palabra para eso: prostitución.

Sin embargo, quizás el hombre que te gusta es un fotógrafo que todavía no ha podido hacer dinero, mientras que tú no puedes quejarte de cómo te va. Lo más importante en este caso es mostrar compasión; no puedes esperar cenas espectaculares, aunque seas tú la que pagues, sin que

él se sienta un pelín marginado. Así que prueba con un picnic en el parque o visitando alguna galería de arte para que él pueda relajarse; de otra forma, se sentirá el pobre de la relación y lo dejará. No hay duda de que tener dinero significa tener poder y el asunto debe tratarse con cuidado para que no cause roces.

SOLTAR ALGO DE DINERO

Hablar de dinero resulta realmente difícil para la mayoría de las personas: es un asunto emocional y siempre se cita como un tema clave en las crisis

Idea 31. El dinero: ese difícil asunto

de las relaciones. Así que cuanto antes logres sentirte cómoda, antes podrás resolver cualquier situación embarazosa. Con esto no quiero decir que tengas que pedirle que te enseñe los movimientos de su cuenta bancaria durante la primera semana de relación, pero sí deberías ser capaz de ser sincera a medida que la relación se desarrolla. ¿Qué pasa si se va a vivir a tu piso? ¿Querrá que el piso esté a su nombre también si te ayuda a pagar la hipoteca? Quizás el tiene mucho más dinero que tú: ¿vas a vivir por encima de tus posibilidades sólo para seguir con él? Si lo haces, será muy duro para ti cuando la relación termine... Poner en claro este complicado asunto os evitará mucho dolor después.

Otra idea más

Echa un vistazo a la IDEA 35, *¿Eres una psicópata?*, para averiguar si estás engañándote a ti misma.

¿A QUÉ ASPIRAS?

De manera que ¿cuál es tu postura sobre el dinero y los hombres? El dinero es un buen tema para evaluarte en ciertos aspectos. En primer lugar, si eres una gastona que quema su tarjeta de crédito haciendo compras, quizás estás buscando a alguien que te saque las castañas del fuego pero, desde luego, no es la forma más romántica de encontrar a tu alma gemela. Otra alternativa es que tengas tu dinero completamente en orden y no te agrade la idea de cazar a alguien que esté sin blanca; la prudencia es siempre un buen hábito, pero recuerda que con lo frecuentes que son los créditos bancarios para estudiantes y lo común de las especulaciones inmobiliarias, es fácil que te encuentres con alguien con problemas económicos. En mi caso, lo más sorprendente fue que me hice tan independiente y segura en cuestiones económicas que estableciendo turnos para pagar las cuentas no me daba cuenta de que utilizaba esta técnica para tener el control sobre los hombres con los que salí. Pensaba que estaba siendo responsable y hábil pero lo que estaba haciendo era engañándome. El dinero no es un tema neutro y es absurdo pensar que tu aproximación a él va a serlo. Piensa en cómo afecta a tus decisiones emocionales.

La frase

«Un hombre sabio debe tener el dinero en su cabeza, pero no en su corazón».

JONATHAN SWIFT

¿Cuál es tu duda?

P   Me encanta un chico pero nunca tiene dinero. Cada vez que quedamos se disculpa por lo agobiado que está con los plazos de su crédito de estudios y los de su coche y otras preocupaciones.

R   *Huye a las colinas. Este hombre es el peor tipo de deudor, el que piensa que no es responsable de sus deudas. Las personas sólo consiguen salir de sus deudas cuando se hacen responsables de las mismas. Es demasiado inmaduro para ver el proceso causa/efecto; si no puede pagar los plazos del coche, quizás no debería tener ningún coche.*

P   Pero parece demasiado drástico dejarlo sin más, ¿debería hacerlo?

R   *Ofrécete a hacer una planificación económica con él, si es que es verdad que está sobrepasado, y después comprueba si realmente intenta arreglarlo. Lo único que no debes hacer bajo ningún concepto es prestarle dinero o pasarás a formar parte de su espiral de deudas.*

32

Romper es difícil

A veces, simplemente no sale bien. Le has presionado, pinchado y has intentado de todas las formas posibles que iniciara una relación contigo, pero nada ha funcionado.

De manera que necesitas agarrar el toro por los cuernos (o, mejor, dejarlo ir) y pasar del tema. Y hay formas correctas e incorrectas de hacerlo.

Si lo haces bien, la separación será tranquila y digna, pero si lo haces mal, podéis encontraros lamiéndoos las heridas o haciendo muñecos de vudú durante meses, o incluso años.

CÓMO DEJARLO CON UN BUEN CHICO

Oh, ¡si fuera posible cortar como quien apaga un interruptor eléctrico! A veces, sencillamente una relación no funciona y tienes que cortar con un buen chico. La mejor forma de enfrentarse al asunto es hacerlo a la cara y mostrarle respeto a la otra persona, aunque de esta forma resulte más difícil para ti. Así él, y tú, podéis estar tranquilos porque acabasteis con dignidad. Pero, ¿qué puedes decir una vez que le tienes enfrente?

- No mientas. Inventarse la muerte de un familiar o un problema de estrés en el trabajo no es justo. Si él se ha portado bien contigo, no te degrades diciendo mentiras. Si lo haces, probablemente se preguntará una y otra vez en qué más le has mentido.

■ Sé tan honesta como puedas. Si la chispa ha desaparecido, simplemente díselo. Puede ser que muchas cosas vayan bien, pero una sola vaya mal. A lo mejor, si tú lo sientes así, puede ser que él también lo sienta pero no se atreva a decirlo.

Una buena idea

Si piensas que una ruptura puede ser complicada, hazlo en un sitio público y dile a una amiga que te espere a una hora determinada. De esta forma dejarás claro que la reunión ha terminado.

■ No sugieras que puede que la relación funcione más adelante. Si le gustas de verdad, lo mantendrás esperándote y le impedirás que conozca a alguien nuevo. Por muy segura que te haga sentir que tienes a alguien esperándote en el caso de que no conozcas a Don Perfecto, estaría mal, pero que muy mal.

■ Responde a cualquier pregunta de la forma más estructurada posible. Cuando las personas están dolidas pueden formularte un montón de preguntas hirientes; trata de no responder con la misma moneda. Si te pregunta si le dejas porque no te gustan sus estúpidas piernas de pollo, no comiences a cloquear. Puedes decir simplemente que no existe la química sexual; después de todo, lo que a una mujer le pueden parecer piernas de pollo a otra le pueden resultar de lo más atléticas. No tiene sentido minar su confianza. Al mismo tiempo, si sus quince llamadas al día te irritan, házselo saber. Puede que así no vuelva a cometer el mismo error.

■ Equilibra la crítica con cosas positivas. Si vas a mencionar las quince llamadas diarias, asegúrate de que le dices también que es estupendo que sea atento contigo, pero que le pedirías que se moderara un poco (no que dejara de hacerlo por completo). No querrás dejarlo libre en medio de una confiada población femenina imaginando que la mejor forma de hacer las cosas es no volver a utilizar el teléfono.

■ No lo uses después para el sexo. Lo que para ti es un acuerdo de conveniencia, para él puede ser una forma de mantener la herida abierta y de minar su confianza, además de que esta situación le hará abrigar una falsa esperanza.

Otra idea más

La IDEA 36, *San Valentín y el Valium*, puede recordarte porqué estar sola es mejor que intentar resucitar una relación muerta.

■ No le pidas que te diga cómo se siente. Tú has tenido tiempo para hacerte a la idea, pero para él es una situación nueva y puedes hacerle sentir decepcionado o que tú eres más fuerte.

■ No aflojes tu postura. Sólo porque la otra persona piense que todavía hay algo entre vosotros, si tú lo tienes claro recuérdale que tú ya no lo crees. Sólo conseguirás volver de nuevo al mismo punto. ¿Y realmente quieres que la otra persona se pase la noche dando vueltas en la cama intentando saber qué quisiste decir? ¡Sería cruel!

■ No te pongas a la defensiva. Si comienza a culparte, mantén la calma y no le recuerdes sus errores. Se quedará con lo que dijiste, lo meditará cuando la tormenta haya pasado y será muy difícil para él olvidarlo.

CÓMO DEJARLO CON UN CHICO MALO

Bueno, ahora voy a mostrar mi lado oscuro, pero ¿a quién le importa? Si alguien ha sido mezquino o destructivo contigo, entonces no le debes ningún respeto. El único problema es que a veces se nos nubla el juicio. Te sugiero que si no estás segura, te mantengas prudente y dulce. Si hay ofensas reales, y te ha dejado esperando su llamada, despierta hasta tarde porque no venía y moribunda como un sediento en el desierto, debes utilizar el tratamiento del silencio en respuesta. Unos cuantos días en «la tierra de ninguna cita» puede enseñar a ese hombre una buena lección sobre la empatía. Si te odia por ello, ¿a quién le importa? Deja las buenas maneras para aquellos que se las merecen.

La frase

«Decir adiós no significa nada. Lo que importa es el tiempo que hemos pasado juntos, no la forma en que nos separamos».

TREY PARKER Y MATT STONE, CREADORES DE *SOUTH PARK*, LA SERIE DE DIBUJOS ANIMADOS ESTADOUNIDENSE

¿Cuál es tu duda?

P Le dije a ese chico adorable que conocí que la relación no iba a ninguna parte y todavía continua mandándome flores y llamándome. ¿Qué puedo hacer?

R *¿Fuiste totalmente clara?*

P Bueno, le dije que había sido suficiente. Estaba muy presionada en el trabajo. ¿Te refieres a eso?

R *Buff. Quizás eso haya hecho que redoble sus esfuerzos. Sé honesta y dile las cosas tal y como son para que no pueda equivocarse; es como enlucir una pared: inicialmente será más duro para los dos pero os recuperaréis mucho más rápido. Sé que piensas que él te malinterpretó, pero si un hombre hiciera lo que tú estaríamos recriminándole su crueldad. Compórtate como una mujer y afronta los hechos; ambos saldréis dignificados si lo haces.*

33

Sobreponerse a un rechazo

Las citas, además de la diversión y la alegría, también tienen su parte negativa.

Sabemos que puede pasar, pero eso no hace más sencillo escuchar un «gracias, pero no, gracias».

La clave para disfrutar de las citas es aceptar que lo mismo que no todos los hombres que conoces pueden encender tu llama, tú tampoco te correspondes con la idea de encontrar petróleo de otros muchos. En la teoría es todo muy sencillo pero en la práctica necesitas algunas herramientas prácticas para asegurarte de que puedes mantenerte a flote cuando te bamboleen los caprichos del romance.

¡SONRÍE, SONRÍE, SONRÍE!

Cuando alguien quiera romper contigo, déjalo ir. Incluso aunque pienses que esté cometiendo un error y que vuestra relación puede continuar, a nadie le gusta ser el carcelero de otro. De todas formas, haz algunas preguntas si piensas que te servirá de ayuda, pero no supliques, mendigues ni lloriquees. Cuando

el descontento inicial haya pasado, te sentirás contenta de haber mantenido tu dignidad. A continuación te ofrezco un poco de ayuda...

■ *¿De dónde viene?* Sólo habías quedado tres veces con él y sientes que nunca superarás su rechazo. Probablemente la razón no es él; ¡Por Dios, ni siquiera le conoces! Sólo estás experimentando cómo afloran algunos sentimientos antiguos que socavan tu autoestima; ningún hombre debería causar este efecto tan pronto; quizás necesites examinar con más detenimiento tus propios demonios. Tal vez también estés preocupada porque crees que es tu última oportunidad para tener niños, una casa, alguien con quien avanzar por el pasillo de la iglesia del brazo. Éstos son sólo miedos. Relájate, ya *tendrás* otra oportunidad para cumplir tus sueños.

Una buena idea

Si encuentras difícil recuperarte de esta patada a tu autoestima, prueba a ir a algún sitio en el que asumir riesgos sea parte de una diversión sana. Las citas rápidas son una buena forma de verlo todo como un juego de números: tu número perfecto no ha llegado todavía.

■ *Relájate.* Puedes pensar que si hubieras intentado una técnica diferente, hubieras vestido otro tipo de ropa o, simplemente, hubieras tenido alguna charla más con él podrías haber cambiado las cosas. Pues no. Lo estupendo de tener una relación es que las dos personas eligen involucrarse de manera voluntaria; una vez que aceptes que no puedes controlar todo, podrás disfrutar del hecho de que tampoco eres responsable de todas las cosas.

■ *Vuelve al ruedo.* Si alguien quiere acabar con un breve coqueteo, descubrirte comprando en el supermercado vestida con el chándal sólo conseguirá reafirmarlo en su convicción. De esta forma sólo conseguirás que ese chico asombrosamente guapo que se pasea frente a la estantería de los platos preparados se acerque a ti para preguntart dónde están los ambientadores. Aunque no te sientas animada, actúa como tal: ya habrá tiempo para menos actuar y más realidad.

■ *¿Qué esperabas?* ¿Algo que hacer los sábados por la noche? ¿Alguien en quien poder confiar? Quizás necesites construirte una vida que gire menos en torno a los demás. Será mucho más fácil recuperarte de una ruptura y superar un rechazo si toda tu estructura social no gira en torno a la otra persona.

■ *No pongas palabras en su boca.* No imagines que sabes lo que está pensando. No sabes si quiere volver con su ex o luchar desnudo con Eduardo, su mejor amigo. La clave es que no le gustas y el peor tipo de hombre con quien te puedes relacionar es aquél al que no le gustas realmente. Podrías dejarte arrastrar por él, pero eso no sería lo peor; lo peor sería que podrías pasar meses sin sentido, años incluso, mirando al techo en las primeras horas de la madrugada preguntándote qué es lo que fue mal cuando él ni siquiera recuerde ya tu nombre.

Otra idea más

Lee la IDEA 37, *Superar los días malos*, para obtener algunas ideas sobre cómo superar la melancolía.

■ *Mantén controlado el chocolate.* Extiende la manta en el sofá, llora lo que tengas que llorar, bebe una copa de vino y come algo de chocolate mientras pones verde a ese tonto que no puede ver el premio que eres para cualquier hombre. Un golpe a la autoestima se merece que te regales un poco el ego. Al día siguiente levántate y piensa ya en otra cosa.

Por último, recuérdate de qué va este asunto. Tener citas no es una solución a todos tus problemas, y tampoco lo será un hombre. Recuérdate que tu objetivo es divertirte aunque tendrás que asumir algunos riesgos. Después ponte guapa y sal de nuevo a la pista de baile.

La frase

«Acaba cada día satisfecho. Has hecho lo que has podido. Seguro que cometiste errores y que sucedieron algunos absurdos; olvídalos tan pronto como puedas. Mañana es un nuevo día; afróntalo con serenidad y la grandeza de espíritu suficiente como para superar tus antiguas tonterías».

RALPH WALDO EMERSON, ENSAYISTA Y POETA AMERICANO

¿Cuál es tu duda?

P   De acuerdo, pienso en lo que dices, pero tuve una cita genial con ese chico y después no me ha hecho ni caso. Me siento totalmente humillada. ¿Qué hago?

R   *¿Vas a tener una segunda oportunidad?*

P   No, no he tenido ninguna noticia. ¿Por qué?

R   *Entonces, ¿por qué asumes que tiene algo que ver contigo?*

P   Porque si no fuera así me hubiera llamado otra vez, ¿no?

R   *O quizás se ha dado cuenta al quedar contigo que todavía se acuerda de su ex o que eres estupenda para quedar de vez en cuando pero que no está preparado para comprometerse.*

P   De acuerdo, prefiero esa teoría. ¿Es real?

R   *Bueno, es sólo una teoría pero igual de probable que cualquiera de las demás, así que ¿por qué no eliges un sueño en lugar de una pesadilla? Ah, y asume algo más: ese hombre se ha ido.*

34

Por fin llega el calor

¡Qué maravilloso invento! El amor de verano...

No tienes que preocuparte por el trabajo, cada noche es como una noche de fin de semana y no hay nadie mirando por encima del hombro asegurándose de que vuelves a casa sola y cenas sensibilidad.

Mucha gente está de acuerdo en que cuando salen de vacaciones pueden desinhibir una parte de sí mismos que normalmente mantienen atada. Esto significa que puede que te sientas un poco más libre y suelta de lo normal y es más probable que lances las precauciones habituales por la ventana. (¡Si pudieras mantener esa actitud abierta a la vuelta de vacaciones!).

UN PEQUEÑO AMOR SOBRE LA ARENA

El sol besa tu piel, tienes el cabello despeinado, tus trajes son tan ligeros que te caben en un puño... oh, es un verdadero crimen no ceder a las tentaciones de la carne cuando brilla el sol. También puedes establecer una gran conexión ya que estás menos inhibida que en la vida real. Pero si eres una romántica sin remedio, esto puede combinar con tu naturaleza para convertir algo que no pasa de una aventura en una relación duradera. Si juegas de forma inteligente, además puedes llevarte a casa un gran subidón de autoestima o volver con algo (o alguien) que puede sobrevivir más que tu bronceado. Aparentemente, las personas de treinta y tantos encuentran más parejas duraderas en sus vacaciones que las de veinte y tantos; es un momento ideal sobre todo si has agotado todas las posibilidades de los bares locales.

Una buena idea

¿Piensas que quieres más pero no estás segura? Pídele una dirección de contacto pero no le des la tuya; después espera dos semanas para comprobar si tu interés se desvanece al igual que tu bronceado. Si está en tus manos iniciar el contacto, no lo hagas si no estás interesada; si lo estás, las dos semanas servirán para volverlo loco de deseo.

EL SOUVENIR CORRECTO

Esta lista de comprobación te ayudará a mantener la perspectiva:

- Cuando conoces a alguien en vacaciones, recuerda que su disponibilidad constante, su solicitud para ir a por las bebidas y su conducta alegre no tiene por qué ser su personalidad usual; estás en una cuerda vacacional. Una cuerda vacacional es cuando el tiempo se para en una intensa burbuja que no se parece en nada a la vida real. Las cosas parecen más urgentes y especiales porque el reloj está corriendo. Así que vigila el efecto cuerda antes de pedirle a él y a su familia entera que se mude a tu casa.

- Tu tipo de vacaciones puede que no sea tu tipo para la vida normal. ¿Realmente tenéis algo en común además de un amor de *duty free*? ¿Tenéis metas y aspiraciones similares? Eso no supone un problema si es un amor de fin de semana, pero piensa en ello antes de planear una reforma en tu casa.

- Usa siempre un preservativo. La última cosa por la que desearías recordarle es por un desagradable picor y una visita a tu ginecólogo.

- Oh, los lugareños, son tan amigables. ¿Te gusta un chico de la localidad? Sé realista antes de dejar volar tu corazón; puedes ser una más de las chicas adorables que cruzan la puerta de su dormitorio durante el verano. Si parece que la relación tiene posibilidades, entonces sopesa el coste de los vuelos y de las conferencias telefónicas. Por no mencionar los inconvenientes de las relaciones a distancia: las noches sola cuando necesitas un abrazo, perderte los cumpleaños de los amigos porque corres de un lado a otro durante todo el fin de semana, las diferencias culturales que tendréis que superar («¿qué quieres decir? ¿que los hombres de tu familia no limpian?»). Si todavía piensas que es una buena opción, buena suerte; puedes estar ante una aventura completamente nueva.

Otra idea más

Consulta la IDEA 47, *Cómo atraer a cualquier objetivo*, para saber cómo captar la atención de un hombre con el coqueteo adecuado; en vacaciones no tendrás tiempo que perder.

- No reveles demasiado. Incluso aunque quieras enseñarle las marcas de tu bronceado, no tienes por qué escribirle tu dirección y tu cuenta de correo electrónico en las primeras horas. Mantén la cabeza fría si sólo buscas una aventura o te puedes encontrar que sigues con él a la vuelta a casa y tendrás que esconderte de tu nuevo pretendiente.

- No olvides a tus amigos. Es muy sencillo perderse en vacaciones, especialmente si has estado necesitada de la compañía de un hombre cariñoso durante mucho tiempo. Si has viajado con una amiga, no la olvides; está bien quedar con alguien, pero si ella hubiera querido estar sola durante las vacaciones, se hubiera ido a un retiro. Si no tienes cuidado, puedes acabar llegando a casa con una amiga menos que cuando te fuiste.

La frase

«Quién desee viajar felizmente, debe viajar ligero de equipaje».

ANTOINE DE SAINT-EXUPERY, ESCRITOR, POETA Y AVIADOR
FRANCÉS

DESPUÉS DE LA LLEGADA, VUELTA A LA REALIDAD

Así que ya has vuelto a casa y, antes de que te des cuenta, ya os estáis acordando de la imagen de los dos haciéndoos arrumacos el uno al otro. Ten en mente, sin embargo, que nunca os habéis visto en una situación de estrés, preparándoos para una reunión, nerviosos porque llegáis tarde al trabajo, demasiado cansados para mantener una conversación o intentando encontrar un par de medias «suficientemente limpias» que ponerse (tú, no él, aunque podría ser otra de las sorpresas que te puedes llevar).

¿Cuál es tu duda?

P   Realmente me encanta un chico que conocí en vacaciones y estoy bastante segura de que era mutuo, pero ha pasado una semana y todavía no ha llamado. ¿Qué hago?

R   *De acuerdo. Aplica la regla de la única llamada: todo el mundo se merece el beneficio de la duda y puede haber perdido tu número de verdad. Así que haz una única, amistosa y comunicativa llamada y después déjale el turno a él.*

P   De acuerdo, le dejé un mensaje y todavía no he recibido respuesta. ¿Bien?

R   *Entonces considéralo una alegre aventura de verano e intenta no pensar mucho en ello. Quizás tendría una familia esperándolo a la vuelta, lo cual preferirías no saber, o simplemente no quiere intentar nada serio. Olvídalo y aprovecha ese estupendo bronceado para conocer a alguien nuevo.*

35

¿Eres una psicópata?

Oh, sí. Es muy fácil señalar con el dedo a los locos y reírse, pensando que tú eres perfecta en todos los sentidos.

Hay, por supuesto, otra forma de mirar las cosas. Se llama realidad.

Resulta muy duro para nosotros ver nuestras propias debilidades y defectos y muy sencillo exigir a los demás que nos acepten tal y como somos. Pero si miras un poco más de cerca, seguro que ves un punto común en todas tus relaciones. ¿Siempre decides que estás aburrida justo cuando la otra persona quiere ir a vivir contigo? ¿Te descubres dejando mensajes telefónicos que nunca obtienen respuesta? ¿Todos los chicos acaban diciéndote que sólo quieren ser «amigos»? Necesitas preguntarte por qué y considerar qué debes cambiar. Me explico, sé que son hombres pero no pueden tener la culpa de *todo*.

A continuación hay varios ejemplos de la forma en que echamos al amor de nuestras vidas de la forma que menos esperamos.

EL ETERNO PROBLEMA DE LOS ZAPATOS

Tienes un par de zapatos para cualquier ocasión y algunos más. Te pones nerviosa ante la noticia del inicio de unas rebajas de zapatería y pasas las vacaciones a la búsqueda y captura de la perfecta sandalia plana. Cuando vuelves, los recibos de tu tarjeta de crédito parecen la guía de teléfonos cuando los colocas sobre la mesa. Estás siempre al teléfono quejándote por tu incapacidad de pagar tu tarjeta de crédito/el alquiler de tu casa cuando te acabas de comprar un par de Jimmy Choos. Cariño, eres un desastre financiero y sólo el sultán de Brunei puede salvarte e incluso él podría tener problemas para hacer frente a tus gastos mensuales.

Una buena idea

Toma una hoja de papel en blanco y anota todas sus relaciones y todos sus puntos buenos y malos. Los malos deberían darte una idea de qué necesitas trabajar (la comunicación, por ejemplo) y los buenos (como los fantásticos abrazos y las risas juntos) te recordarán que puedes divertirte y conseguir todo lo contrario a lo malo de la lista.

Cambia. Consigue ayuda ya. Nadie quiere cargar con un incordio. Los hechos demuestran que el tema del dinero te asusta, que no tienes experiencia y que metes la cabeza en la arena en vez de afrontarlo. Toma el control y organiza una reunión con un asesor financiero hoy mismo. Cambia tus tarjetas de crédito por otras libres de intereses y vende todo lo que has comprado en eBay. Es probable que comiences a comprar de nuevo como una forma de llenar un vacío, pero ¿cómo puede alguien llenarlo si está lleno de zapatos?

LA LLORICA

La vida es horrible. Tu jefe te odia, el perro se come tu bolso nuevo, pierdes el autobús, no puedes olvidarte de tu ex, tu pez murió cuando tenías doce años... ¿Tengo que seguir? Se dice que la suerte se reparte al azar en la vida y todos tenemos las mismas oportunidades, la combinación habitual de cosas buenas y cosas malas. Pero, ¿eres capaz de verlo? Por supuesto que no. Sólo puedes ver las cosas de las que te puedes quejar porque es un atajo para llamar la atención y no tener que hacer nada por ti misma. Tú no quieres un novio, quieres una muleta.

Déjalo. Ponte una banda elástica alrededor de la muñeca y estírala cada vez que te oigas comenzar una conversación en tono lloroso. Si piensas en algo negativo, plantéate el reto de contraatacar pensando en algo bueno (tengo los muslos gordos, por ejemplo, pero mis tobillos son finos y elegantes). Estás reprogramando tu cerebro para encontrar lo bueno y pronto te resultará más fácil que buscar lo desagradable. Y te resultará más fácil con la ayuda de las muñecas.

Otra idea más

La IDEA 44, *Sé sensual*, te mostrará qué hacer para conseguir la vida que deseas.

SEÑORA ADIÓS

Es simplemente un poco raro. Tienes algunas relaciones adorables con hombres maravillosos pero ninguna de ellas parece cuajar. Qué extraño. Justo cuando las cosas van a pasar al siguiente nivel, la atracción por él se te pasa, discutís y estás tan estresada en el trabajo que nunca tienes tiempo para verlo. ¿Te has encontrado alguna vez con Don Perfecto? Quizás la pregunta debería ser si has conocido a Don Equivocado... Lo que te pasa es que eres adicta a la primera explosión de endorfinas de amor y encuentras formas de terminar con la relación para comenzar una nueva. Sí, las mujeres también pueden sufrir la fobia al compromiso.

Basta. Admite que tienes un problema. Reconoce que te has portado tan mal que has provocado la ruptura, después escribe un plan de lo que te gustaría y piensa en los pasos que necesitas dar para conseguirlo (vivir juntos quizás debe ser una de las metas). Si lo que deseas es tener una serie de amantes en vez de atarte a uno solo, eso es estupendo, pero quieres casarte y tener hijos, necesitas conocer la causa y el efecto de tus acciones.

Salir a correr en cuanto la cosa se pone un poco seria no te acercará a tu meta y, confía en mí, la hierba no es más verde allí donde vas, es sólo una hierba diferente.

La frase

«Los hechos son cosas pertinaces; y sean cuáles sean nuestros deseos, nuestras inclinaciones o los dictados de nuestra pasión, nunca pueden alterar el estado de los hechos y las pruebas».

JOHN ADAMS, DISCURSO EN DEFENSA DE LOS SOLDADOS DURANTE LOS JUICIOS POR LA MASACRE DE BOSTON

¿Cuál es tu duda?

P Estoy horrorizada. No me había dado cuenta de que soy una Señora Adiós total. Siempre pensé que ellos dejaban de llamar pero ahora veo que yo los empujaba a ello. ¿Qué significa eso?

R *Ah, la mente trabaja de formas fascinantes para ayudarnos a conseguir lo que queremos, en tu caso, la libertad.*

P Buen apunte, pero en todos los casos pensé que quería que fuera el definitivo. ¿Es incorrecto?

R *¿Querías o podría ser? Lo más importante es que puedes dejar de pensar que siempre lo hiciste mal y aceptar lo que te pasa, después piensa qué te gustaría que pasara de verdad. Quizás te sorprenda la respuesta.*

36

San Valentín y el Valium

Hay vacaciones, celebraciones y festivales, y todos parecen diseñados para que una persona soltera se sienta un perro verde.

Como el día de San Valentín, que debería rebautizarse como «El peor día para mi ego». Pero estas celebraciones vuelven todos los años puntuales como un reloj, así que debes saber cómo desactivar las bombas.

Es hora de echar un vistazo al mito frente a la realidad. En nuestras horas más vulnerables, lo que hacemos las mujeres es pensar que todos a nuestro alrededor están viviendo un sueño mientras nosotras estamos sumergidas en una pesadilla. Así que si te sientes tentada a visualizar la fantasía y a tomar paracetamol, prueba estas versiones alternativas.

EL DÍA DE SAN VALENTÍN

Vamos a empezar con el peor de todos, el Waterloo de cualquier persona soltera.

Mito: las parejas pasean bajo las brillantes luces del río, observadas por la sonriente y redonda cara de la luna, con los brazos llenos de flores compradas en la floristería, dirigiéndose a un dulce restaurante («su restaurante») para darse un festín de ostras y champán a la luz de las velas, antes de retirarse a su casa para hacer el amor.

Realidad: es una húmeda noche de martes. Él conduce como loco de tienda en tienda buscando algún ramo de flores/o postal/caja gigante de bombones, o algo que se parezca a un regalo adecuado. Cualquiera que pase por un restaurante esa noche podría oír el sonido de una gota cayendo, porque miles de parejas están en silencio frente a su sopa, al tiempo que desean poder estar en casa mirando la tele. La única persona con los ojos emocionados es el propietario del restaurante, que ha aumentado los precios de su menú «Especial San Valentín», que consiste en el regalo de una copa de cava barato a cada pareja que haya reservado la mesa con anticipación.

Una buena idea

Si tienes algunos pensamientos tristes rondándote la cabeza, alquila una película de Woody Allen, observa que todo el mundo tiene que afrontar momentos dramáticos en sus relaciones sea cual sea su situación y después disfruta de la paz y tranquilidad de una casa sólo para ti.

NAVIDAD

Es una época de reuniones familiares, dicen tus ovarios señalando el reloj.

Mito: es Nochebuena. Una mujer vestida con un suéter de lana, con el pecho perfecto y el pelo brillante ríe nerviosa al desenvolver su regalo: un anillo de esmeraldas que brilla a la luz de las velas. Ella besa a su marido, bronceado por la práctica del esquí, justo antes de subir las escaleras para llenar de sorpresas los calcetines colocados a los pies de las camas de sus hijos. Ella vuelve a bajar las escaleras para preparar el pollo/pato/pavo para recibir a su adorable familia que llega al día siguiente a visitarlos. Los copos de nieve decoran los cristales de las ventanas. Seguro que la tía Sandra le pide un beso bajo el muérdago al abuelo Juan y los hombres lavan los platos mientras las mujeres se preparan para jugar al Monopoly con los niños.

Realidad: una mujer vestida con una blusa de seda manchada («¿Dónde demonios está el maldito mandil?») corre por la cocina al tiempo que el olor a comida chamuscada llena el ambiente. Son las tres de la mañana pero es que ella no quiere que la criticona de su madre vea su falta de habilidades organizativas. Se quedó dormida en el sofá cuando llegó de celebrar la Nochebuena en el pub con sus amigos. Afortunadamente, media hora después la despertaron sus hijos, desesperados por abrir los regalos que acababa de terminar de envolver con papel de aluminio. Se ha bebido todo el jerez que tenía para cocinar y ahora está comiendo bombones rellenos de licor como una desesperada. Llega la familia y automáticamente comienzan a quejarse de la falta de aparcamiento/la extraña forma de cocinar las zanahorias/y la horrible cubertería. Todo el mundo come hasta ponerse enfermo. La tía Sandra se abalanza sobre el abuelo Juan pero afortunadamente todo el mundo está borracho así que ella acaba pensando que se ha caído sobre el árbol de Navidad. Todos los hombres se acomodan en los sofás sin dejar a las mujeres sitio para sentarse; los niños, alborotados por el exceso de bebidas carbonatadas y de azúcar, corren y gritan por toda la casa. Alguien llora en silencio recordando historias tristes de la familia. Nadie friega los platos.

Otra idea más

Para encontrar algunas sugerencias sobre cómo recuperarte en esos momentos en que sólo puedes ver la cara divertida, lee la IDEA 37, *Superar los días malos*.

DÍAS DE FIESTA

Momentos oscuros en la vida de una soltera.

Mito: guapísimas y esbeltas parejas vestidas con ropa cara pasan veloces en coches descapotables. Se dirigen a una mansión en el campo con una cama con dosel, cubierta de pétalos de rosa. Cruzan la puerta besándose y apenas les da tiempo de abrir la botella de champán antes de que el deseo los meta entre las sábanas y los dos tengan un orgasmo tras otro.

Realidad: si han planeado un fin de semana romántico, no hay habitaciones libres en ningún sitio. Si habían reservado algo, pasan el tiempo preocupados por pronunciar correctamente el nombre del vino. Tienen que dejar la habitación a las doce de la mañana. Después tienen que soportar un monumental atasco de entrada en la ciudad discutiendo todo el tiempo. Pero lo más probable es que hayan dedicado el día de fiesta a la obligatoria visita a sus padres.

La frase

«Finalmente me he dado cuenta de que la única razón para estar viva es divertirse».

RITA MAE BROWN, AUTORA NORTEAMERICANA Y ACTIVISTA SOCIAL

CUMPLEAÑOS

¿Desearías tener a alguien con quien compartirlo? Sé realista.

Mito: después de un desayuno a base de champán y salmón ahumado, ella llega pletórica al trabajo. Un ramo de flores llega cada media hora, provocando las miradas envidiosas de sus compañeras. Se pone el vestido nuevo que él ha comprado para ella para disfrutar de la cena que él ha cocinado para ella.

Realidad: está a punto de estallar de rabia porque no ha recibido ni una tarjeta ni unas flores durante la jornada laboral. Él no le ha regalado nada así que le sugiere que se lleve su tarjeta de crédito para que se compre lo que le apetezca. Después de aguantar la bronca, él va y compra una blusa tres tallas más grandes. Así que para resarcirse sale a emborracharse con sus amigas.

Idea 36. San Valentín y el Valium

P Yo siempre imagino que todo el mundo es feliz menos yo. ¿Lo son?

R *Por supuesto que no.*

P Pero ahora estoy deprimida porque todo el mundo lo pasa mal. ¿Es eso entonces?

R *No es cierto tampoco. Pero ¿a qué te lleva tener pensamientos negativos cuando te sientes vulnerable? Esto es sólo para recordarte que tener una relación no es sinónimo de ser feliz. Cualquiera puede ser feliz.*

37

Superar los días malos

Por mucho que te empeñes en permanecer en el lado soleado de la acera, estar soltera (al igual que tener una relación) puede provocar algunos días bajos.

Pero hay algunos trucos que te ayudarán a superarlos y a ponerte en forma de nuevo.

A veces tu nivel de energía desciende y te sientes un poco triste. Eso está bien, es una parte normal de la vida; pero si es uno de esos días en los que no soportas la melancolía, aquí encontrarás algunas sugerencias.

Cumple un sueño

O, al menos, comienza a dar los pasos para lograrlo. Si adoras montar a caballo como cuando eras una niña y estás pensando en volver a hacerlo para llenar tus vacíos sábados por la mañana, investiga en los establos cercanos y reserva una clase. De esta forma sentirás que has recuperado el control y además tiene la ventaja añadida de proporcionarte planes
alternativos (como las fiestas de la escuela de equitación), de que perderás algo de peso (debido al deporte y a la reducción de la ingesta de alcohol) y te ayudará a conocer a gente nueva. Seguro que hay un establo cerca al que puedas acudir.

Una buena idea

Date un chute de endorfinas. Quizás pienses que hacer ejercicio es lo último que deseas, pero la producción natural de hormonas conseguirá que te sientas mejor de inmediato. Mover el trasero hasta el gimnasio puede parecerte un trabajo duro pero conseguirás sacar del armario esas pequeñas faldas que hace siglos que no te pones. Haz ejercicio durante al menos una hora para sentir sus beneficios. Mejorará tu humor lo mismo que tener limpia la casa.

RESERVA UNAS VACACIONES

Y no ese viaje estándar que haces todos los años. ¿Hay algún sitio en el que sueñes estar, un lugar maravilloso que despierte tu imaginación? Navega por Internet y planea un itinerario; si quieres ir a algún lugar exótico investiga qué vacunas y visados necesitas para sentir que es más una realidad que una fantasía.

TRÁTATE COMO UNA PRINCESA

En vez de esperar a que aparezca un hombre que te haga sentir especial, puedes adelantarte y comenzar a hacerlo tú misma. (Esto tiene la ventaja añadida de que cuando el hombre aparezca, sabrá que es el tipo de comportamiento al que estás acostumbrada y el que te mereces). Hay muchas cosas pequeñas que pueden hacerte sentir especial: usar una cara mascarilla para el pelo, comer piña fresca para desayunar, levantarte cinco minutos antes para hacer café de verdad. Haz que tu día tenga pequeños toques de estrella de cine y acabarás sintiéndote como una de ellas.

MEJORA

¿Siempre has pensado que eres mala? ¿Te encantaría pasar un fin de semana en París y ser capaz de pedir tú misma la cena en francés? Enfrenta tus demonios y hazlo; te sentirás genial una vez que lo hayas conseguido. Cuando hayas derrotado al demonio, sabrás que puedes conseguir cualquier cosa que te propongas.

Otra idea más

Lee la IDEA 41, *Conviértete en la más popular,* para obtener ideas sobre cómo mejorar tu vida social.

HAZ ALGO DE MANTENIMIENTO FEMENINO

No importa lo perezosa que te sientas, una vez que comiences a depilarte, encremarte y embellecerte te sentirás absorbida por la tarea y empezarás a disfrutar de los resultados. Haz algo más allá de tu rutina diaria; pasa algo de tiempo encerrada en el cuarto de baño poniéndote una mascarilla en el pelo o dándote un baño facial de vapor. Si te parece mucho esfuerzo deja la responsabilidad en otras manos: las de los profesionales. Ve a la peluquería y hazte un peinado (¡nunca debes cortarte el pelo cuando estés baja de moral!). Péinate las pestañas, date un masaje o hazte la pedicura; no tienes que elegir los tratamientos más caros para sentir los beneficios de invertir en ti misma y recibir algo de atención. Por supuesto, pasar un día en un spa también sería una forma maravillosa de dispersar esas pequeñas nubes negras.

DEJA LOS PLATOS

En los días malos puedes estresarte y castigarte por todas las cosas que deberías estar haciendo como lavar la ropa, fregar el suelo de la cocina y recoger las chaquetas de la tintorería. Si no quieres sentirte así, piensa que ¡nadie se ha muerto por tener una falda sucia! Así que date un día libre y sal a comer con una amiga.

La frase

«Cada vez estoy más convencido de que nuestra felicidad y nuestra tristeza dependen más de la forma en que afrontamos los acontecimientos de la vida que de la propia naturaleza de los mismos acontecimientos».

WILHEM VON HUMBOLDT, FILÓLOGO Y DIPLOMÁTICO ALEMÁN

HAZ UNA LISTA DE RECOMPENSAS

También es importante que veas los resultados de tu duro trabajo, resultados que no están relacionados con lo que intentas conseguir. Si has decidido que te gustaría perder peso, piensa en recompensas que no tengan nada que ver con ese tema (tomar un trozo de pastel no sería muy apropiado). Quizás un bono para un spa, una noche de discoteca con tu mejor amiga o un día en la playa sea lo que consiga que se te caiga la baba.

DALE UNA TREGUA AL ROMANCE

Pasa un día completo sin pensar en los hombres. Puedes volver a practicar tu estrategia mañana.

¿Cuál es tu duda?

P   Estoy segura de que tendría menos días malos si pudiera conseguir a un hombre. ¿Correcto?

R   *Bueno, a no ser que el hombre sea el mago Merlín es poco probable que sea capaz de hacerlos desaparecer de tu vida por completo.*

P   Pero seguramente me sentiría mejor si conociera a alguien ¿no?

R   *Así que mientras tanto piensas hundirte en el pozo de la miseria. Muy atractivo, no me explico cómo no tienes una fila de hombres llamando a tu puerta para compartirlo contigo.*

P   Muy graciosa. ¿Qué hago entonces?

R   *Aprender a mejorar tu calidad de vida y a cambiar tu estado de ánimo es una habilidad muy poderosa. Podrías utilizarla cuando aparezca Merlín y tenga un mal día con el caldero de las pociones mágicas.*

38

Amor en la fotocopiadora

Lo más maravilloso del trabajo es que, además de traerte a casa la nómina, puede acabar llevándote también un marido.

Tienes una alta probabilidad de conocer a tu pareja en el trabajo y por ello necesitas asegurarte de emplear un poco de tiempo en pulir tus habilidades negociadoras.

¿Recuerdas cuando ibas al colegio y tenías los novios de dos en dos? Parecía que el suministro era infinito y que sólo tenías que abrir la puerta de la biblioteca para conseguir el siguiente romance. Bueno, pues eso era por-que tenías la oportunidad de conocer a gente; de acuerdo, aquellos coqueteos no iban más allá de conocer qué música escuchaban en su dormitorio mientras entrenaban con pesas, pero también tenías la oportunidad de verles pedir prestados bolígra-fos en la clase de matemáticas o de cocinar en la de economía doméstica. La forma en que vivimos  ahora nos obliga a averiguar lo máximo posible de una posible pareja en menos de cinco minutos, en mitad de un bar abarrotado y a decidir allí mismo si puede irnos bien o no con ella. El trabajo te devuelve a un lugar en el que los intercambios no están cargados de presión y donde una atracción se puede construir lentamente. Y no hay nada más excitante que confirmar finalmente que los dos vais a la máquina de café quince veces al día y que lo hacéis exactamente por la misma razón.

Una buena idea

Es importante saber cuál es la política de tu empresa sobre las relaciones dentro de la oficina. Algunas empresas tienen normas, así que tenlo siempre presente. Puedes encontrarte de repente en la oficina de recursos humanos con el agua al cuello a consecuencia de una serie de malas decisiones.

ESTRATEGIAS PARA IR AL GRANO EN LOS NEGOCIOS

La mejor forma de pensar en un romance en el trabajo es con la terminología empresarial: así como un suelo fértil está preparado para la cosecha, éste es también el lugar en el que tú cultivas las habas mágicas que te permiten pagar la cuenta del gas. Así que asegúrate de que si pierdes una oportunidad sentimental, no pierdes el trabajo al mismo tiempo. Eso sería un desastre para tu confianza en muchos más aspectos de los que puedas imaginar.

¿QUIÉN ES ÉL?

Si eres nueva en un puesto, no coquetees con nadie inmediatamente; podrías descubrir después que es el seductor de la oficina y acabarás sintiéndote bastante estúpida cuando lo conozcas más a fondo. Si es la persona correcta, seguirá trabajando dos mesas más allá dentro de unos pocos meses. Si es el chico del correo y tú eres la directora ejecutiva, ten cuidado de no verte envuelta en una querella por acoso; más de un corazón roto se ha enfadado lo suficiente como para contar a las «altas esferas» su triste historia con su jefa. Por la misma razón, si tu objetivo es tu jefe, entonces quizás te quieran hacer desaparecer convenientemente después del romance; es difícil pensar cuando estás inmersa en la burbuja rosa de los primeros sentimientos, por eso debes hacer un esfuerzo extra para salir de la nube. También debes ser realista sobre tus expectativas: ¿desilusionada porque el sueldo del chico del correo no cuadra con tu nómina? ¿Es probable que ese jefe que grita a sus subordinados se vuelva de lo más dulce al salir del trabajo? Yo lo dudaría.

COMPÓRTATE DE FORMA ADECUADA

No cubras su ordenador con notas de amor, no le envíes correos electrónicos con fotos tuyas desnuda (los chicos de informática *pueden* acceder a tu correo, digan lo que digan...) y no uses las discusiones de grupo para tratar asuntos personales («¿Té para todos no? Tú casi no has bebido nada esta mañana en casa»). No le preguntes a su asistente por qué no te llamó si dijo que lo haría o trates de echar un vistazo a su agenda. Muchos de nosotros, y especialmente los hombres, necesitamos descansar de nuestras relaciones más intensas y tú deberás ser más profesional en este momento de lo normal para que no suba la presión. Esto también supondrá la ventaja para ti de parecer disponible y tentadora incluso aunque normalmente seas un poco pegajosa en todas tus relaciones.

Otra idea más

Echa un vistazo a la IDEA 4, *Aprende de los maestros*, para aprender las técnicas que utilizan otras personas para cazar a su presa.

PREPÁRATE PARA LAS SUBIDAS Y LAS BAJADAS

La gente te acusará de favoritismo, de ambición excesiva, de usar toda la leche y de todo lo que se te pase por la cabeza (de muchas cosas que ni siquiera te imaginas). Los romances en la oficina son un aliciente para mucha gente, así que sólo debes prepararte hasta que la gente acabe cansándose de cotillear. Pero no los animes contando tus citas en la máquina del agua si quieres que tu romance, y tu reputación, duren.

La frase

«Sabrás que has alcanzado el éxito en tu campo cuando no sepas si lo que estás haciendo es trabajo o diversión».

WARREN BEATTY

¿Cuál es tu duda?

P Horrible. Tuve un tórrido romance de verano con un colega (demasiadas copas después del trabajo); ahora él se muestra muy frío y yo me siento muy incómoda por tener que sentarme con la única separación de cuatro mesas. ¿Qué hago?

R *Eres afortunada.*

P Perdona, ¿qué parte del horror no has entendido?

R *Mira, cuando las relaciones terminan frecuentemente no somos capaces de resolver la situación por completo; la otra persona se ha convertido en una figura de odio o de adoración y eso puede ser un obstáculo para que pasemos página. De esta forma, estás obligada a superar el horror hasta que coincidas con él en la redacción de un informe o en una reunión y te des cuenta de que no estás gimoteando y que no te sonrojas y que, simplemente, respondes con naturalidad. Además, quizás te sirva como aliciente para intentar obtener una promoción en venganza... Nada podría ser más placentero que enseñarle tus nuevas funciones.*

39

¡Alerta! ¡Ex a la vista!

Has conocido a un chico estupendo, parece que le gustas de verdad y las cosas están siendo estupendas. Bien hecho...

Sólo hay un problema: una antigua novia merodea a su alrededor dejando un tufillo sospecho.

La clave está en conocer a su enemigo. ¿Qué tipo de ex es ella?

LA EX ÑOÑA

Es incapaz de llamar a un mecánico o de abrir un bote de pepinillos. No quiere volver con él, pero necesita su apoyo mientras encuentra otro hombre fuerte que vaya a su casa y le conecte el DVD.

- *Ella le hace sentir:* genial, porque a los hombres les encanta sentirte fuertes y necesarios y, sí, un poco superiores a veces.

- *Deberías:* resistir la tentación de meterle la cabeza en el frigorífico o de decirle que crezca de una vez. Tampoco deberías intentar que parezca patética mostrando tu superioridad porque

conseguirás que él sienta que no le necesitas. A medida que vosotros dos os vayáis sintiendo más cercanos, ella se irá desvaneciendo poco a poco conforme la idea de salirse de la cama calentita para cambiarle la rueda a su coche no le vaya pareciendo tan atractiva.

Una buena idea

Puede resultar increíblemente tentador preguntar a tu pareja sobre sus ex, pero puede acabar volviéndose contra ti. Cada vez que sientas la necesidad de preguntar algo, date a ti misma una palmadita mental en la cara: una pequeña pregunta realizada de forma inocente ahora puede convertirse después en una tortura. Muchas noches sin dormir se dedican a analizar las palabras: «Sí, era preciosa». Al final del día, los ex son ex por alguna razón.

LA EX BRUJA

O quiere que él vuelva y no puede ocultar su frustración o simplemente es una guarrilla común.

Te pregunta si has comprado tu top en una cadena de supermercados cuando es evidente que es de diseño, te alaba por ser tan creativa con ese pelo tan difícil de manejar que tienes y le ríe las gracias a él como si hubiera inhalado el gas de la risa.

- *Ella le hace sentir:* deseado. Sólo una mujer que ha olvidado tomar su medicación puede reír de esa manera la menor de sus gracias.

- *Deberías:* nunca intentes descalificarla. Si ella le hace sentir bien, no querrá ver la realidad. Si sonríes con dulzura, se pondrá tan furiosa que cualquier hombre por espeso que sea (y realmente, pueden ser muy espesos) se dará cuenta de su actitud. Quiere pelea así que no se la facilites y sin darse cuenta encontrará sangre fresca. También él verá por sí mismo que es sólo una admiradora más de su harén y se acabará cansando.

LA EX DESESPERADA

Quiere que él vuelva con ella, como sea. Le envía mensajes, recuerda su cumpleaños y le envía tarjetas hechas por ella misma y ha «olvidado» sacar la foto de su monedero.

- *Ella le hace sentir:* culpable. Todavía queda con ella para asegurarse de que no se ha lanzado desde una azotea y calmar así su conciencia.

- *Deberías:* hacer un frente común ante cualquier preocupación. Ella necesita saber que él ya se ha ido y que, consecuentemente, ella debería irse también. Intenta mostrar compasión: todos hemos pasado por eso alguna vez.

Otra idea más

Trabajar tu propia confianza puede ser una forma estupenda de luchar contra los ex demonios; lee la IDEA 51, *Confianza real.*

LA EX MEJOR AMIGA

Oh, este tipo es de los peores. Ella fue su primer amor, perdieron la virginidad juntos, su sentido del humor es el mismo, y ella se ríe comentando que es su «plan b» en el caso de que no encuentre al hombre de sus sueños. Tiene una foto de cuando hicieron el Inter-rail en la puerta del frigorífico.

- *Ella le hace sentir:* seguro. Como una hermana.

- *Deberías:* aceptar lo que es realmente. Es increíblemente molesto que alguien te refriegue por la cara lo cercana que está a tu novio, pero si todavía son tan amigos lo más probable es que la chispa se apagara hace años. Concéntrate en construir tus propios recuerdos con él para pegarlos en la puerta de tu frigorífico y así probablemente ella se dará cuenta de que está siendo un poco cómica. Sólo el tiempo, y la consolidación de vuestra estabilidad como pareja, conseguirá que te sientas mejor con este asunto.

La frase

«Vivir bien es la mejor venganza».

GEORGE HERBERT, POETA INGLÉS

CÓMO AFRONTARLO

El hecho de ver a tu hombre con su ex puede ser muy autodestructivo, especialmente si se pega a él como un traje barato. Pero hay algunas cosas que debes intentar y otras que debes evitar para mantenerte a salvo. No te metas con ella; terminará defendiéndola y lo empujarás a que se una a ella más que a ti. Si intenta ofenderte diciéndote cosas como cuántas semanas llevas sin depilarte el bigote, síguele el juego. Dile que él la conoce mejor y pregúntale si debes tomártelo a broma, porque te ha resultado un poco incómodo. Esto conseguirá que él se despierte y será más probable que note otros puyazos. Trata de no darle un ultimátum; su relación se enfriará a medida que el tiempo pase y si no lo hace o si ella es increíblemente hostil y él es incapaz de reconocerlo, quizás deberías dejarlo. Quizás él nunca lo haga.

Idea 39. ¡Alerta! ¡Ex a la vista!

¿Cuál es tu duda?

P La ex de mi novio es una zorra. Siempre le está llamando. Él dice que su relación fue una pesadilla pero no hace nada para apartarse de ella. ¿Qué está pasando?

R *Quizás consiga algo de ella que no consigue de ti.*

P ¡Cielos! ¿Como qué?

R *¿Qué piensas que puede ser?*

P Bueno, ella siempre le llama, pero yo tengo un trabajo muy absorbente y no tengo mucho tiempo para dedicarle. ¿Puede ser eso?

R *Entonces la clave está en halagar un poco su ego. Deja que ella siga con lo suyo; a los hombres puede gustarles la atención de una mujer como ella pero raramente las eligen como las madres de sus hijos.*

P ¿Entonces? Sólo me siento y espero.

R *Sí. En algún momento, ella se equivocará y mostrará sus neurosis y él se cansará pronto de sus exigencias.*

40

Pórtate bien con tus amigos

A veces las cosas pueden irnos tan bien que olvidamos lo duro que ha sido conseguirlas. Los amigos son un buen ejemplo.

El cariño de un amigo es como tener capital emocional en el banco; sólo debes asegurarte de que mantienes la cuenta llena.

Tener un buen amigo requiere años de trabajo; ¿recuerdas quién era tu mejor amiga cuando tenías seis años? No ¿verdad? Yo tampoco, pero sé que la pandilla de amigos que tengo ahora a mi alrededor ha necesitado años para consolidarse. Cada uno de ellos es completamente diferente del otro y todos me dan un tipo diferente de apoyo único y particular. Pero cuando esta parte de tu vida es estable y el deseo de encontrar a alguien especial ocupa todo tu pensamiento, es muy sencillo olvidar que este tipo de relaciones también necesitan dedicación.

LA CAZA

Arreglarse para salir con una amiga es una de las grandes cosas que tiene ser mujer. Pero a veces se bebe demasiado y de repente te sientes la reina de la ciudad y todos los Juanes, Pedros y Pablos quieren hablar contigo.

Felicidades, eso significa que has conseguido evitar la costumbre femenina de apalancarse en la esquina del bar maldiciendo vuestro destino e ignorando todo lo que sucede a vuestro alrededor. Pero nunca debes, bajo ninguna circunstancia, dejar que tu amiga tenga que contar los lunares de su camisa mientras tú hablas con unos y con otros. Quizás tengas mucho éxito esa noche (y es importante discutir cómo vais a comportaros incluso antes de salir del taxi) pero no hay razón por la que no podáis charlar juntas. Esto tiene varias ventajas; ninguna de las dos acabará sentada sintiéndose fatal, esperando el momento de llegar a casa y lloriqueando por ser «la fea»; demostrarás que eres una persona considerada con algo más en la cabeza que el sexo; te servirá para saber qué tipo de hombre tienes enfrente. Si es decente, comunicará su interés sin dejar de ser educado. Si él te gusta, considera la posibilidad de establecer un límite de quince minutos, dale tu número de teléfono y sugiérele que os encontréis en otro momento más adecuado. Con esta actitud, conseguirás ser deseable, porque tendrás la apariencia de una mujer que no está desesperada y que es completamente capaz de divertirse sola; además, evitarás la posibilidad de volver a casa con el hombre inadecuado.

Una buena idea

Desde el comienzo podéis crear la amnistía de la noche del jueves (o cualquier otra, por supuesto), en la cual os reuniréis con vuestros amigos. Esto mejorará todas tus relaciones; tus amigos se sentirán valorados y tu nuevo hombre descansará de ti una noche.

NO TE OLVIDES DE ELLA EN VACACIONES A CAUSA DEL SEXO

El título del apartado habla por sí mismo. Si tu amiga ha cruzado océanos y continentes, gastado un dinero y un tiempo precioso, lo último que debes hacer es dejarla sola mientras corres detrás de un camarero. Quizás pienses que ella debe entender que es una situación especial, pero cambiar las reglas cuando has acabado es totalmente egoísta. Puedes salir con él de todas formas, pero ten cuidado: no merece la pena perder a una amiga por una semana de diversión al sol, especialmente si consideras que nadie querrá ir de vacaciones contigo cuando se enteren de tu comportamiento.

SACA TIEMPO PARA ELLAS
CUANDO CONOZCAS A ALGUIEN

Las buenas amigas entenderán el efecto burbuja de amor; suele durar unos tres meses y seguramente los pases encerrada en casa, porque es el sitio donde siempre te encuentras con tu novio nuevo. Pero incluso cuando estás en esta etapa, asegúrate de llamar y de saber de sus vidas, saca tiempo para dedicárselo a tus amigas. Y una vez que salgas de la burbuja, dedica algún momento de forma regular a mantener el contacto con tus amigos o de repente te encontrarás en pañales preguntándote qué ha pasado con la persona que solías ser.

Otra idea más

La IDEA 3, *¿Cómo vas a encontrar a alguien apropiado en este lugar?*, ayudará a tu amiga a encontrar a su propio compañero de juegos.

CUIDAR DE UNA AMIGA SOLTERA

Si has estado quemando la ciudad por algún tiempo con una determinada amiga soltera, si de repente no estás disponible, le parecerá que ha habido un error en el sistema. Podéis acabar discutiendo por cosas tontas o puede llamarte con menos regularidad y es fácil pensar que está siendo egoísta (¿por qué no puede simplemente alegrarse por mí?) y tienes que darte cuenta de que tu vida ha cambiado mientras que la suya sigue estando en el mismo sitio, pero sin ti. Asegúrate de que le das la importancia que merecen a sus temores sobre si conocerá a alguien y lo impaciente que está. Los cambios siempre hacen que nos sintamos nerviosos por un tiempo.

La frase

«La amistad es con toda seguridad el mejor bálsamo para las penas de amor».

JANE AUSTEN, *LA ABADÍA DE NORTHANGER*

LA ALERTA DE LA PRESUMIDA

La más temible de todas las transformaciones. Como los exfumadores, las solteras que ahora están felices con una pareja pueden ser completamente irritantes. En tu nuevo estado de éxtasis consigues borrar de tu memoria todas las citas desastrosas que has tenido y piensas que la soltería de tu amiga es culpa suya. A veces sí y a veces no, pero a menos que desees que todo el mundo te ignore, cierra la boca o aplaudirán si te golpeas contra una roca. Y harán bien.

¿Cuál es tu duda?

P Mi amiga se está comportando de manera extraña conmigo y con mi nuevo novio. Es realmente crítica. ¿Qué está pasando?

R *¿Piensas que está celosa?*

P Posiblemente. Antes éramos inseparables, siempre saliendo con chicos y bebiendo vino. ¿Qué piensas?

R *Sólo por tener una relación estás cambiando sus ideas sobre lo que es posible; quizás podría parar de lloriquear y comenzar a actuar para encontrar a alguien para ella. Hazle saber que meterse con él no es una opción, pero que te encantaría que encontrara a alguien para ella, y planea una cita que la haga salir de su rutina, una que tenga en cuenta a los hombres, por favor.*

41

Conviértete en la más popular

Encontrar a alguien especial es muchas veces un juego de probabilidades: cuanta más gente conozcas, más probable es que encuentres a alguien con quien conectes.

Y la clave para conocer a alguien que te guste es conseguir que te inviten a todas partes. Y ¿cómo consigues que te inviten? Convirtiéndote en la mejor invitada posible.

CONSIGUE UNA CABEZA DE PLÁSTICO

No es tan loco como suena, de verdad. Algunos días simplemente no te apetece salir: la tostadora se ha estropeado, has perdido al gato, llegaste tarde a la reunión de revisión de salario del trabajo. Pero, en ocasiones, esos son precisamente los días en los que debes re-unir todo tu amor propio y obligarte a levantarte y a salir, aunque sólo estés fuera media hora. Debes hacerlo por dos motivos: quien te haya invitado, lo ha hecho porque quería que asistieras y incluso pa-rezcas una oveja insulsa pastando, apreciará el es-fuerzo que has realizado y se acordará de ti la próxi-ma vez que organice algo (aunque la próxima vez seguro que estás de mejor humor). En segundo lugar, nunca sabes quién habrá allí: Don Per-fecto puede estar allí, tomando una cerveza mientras busca a alguien con quien hablar, y quizás han pasado seis años desde que le conociste en la universidad hasta que se ha cruzado de nuevo en tu camino. Consigue tu

cabeza de plástico: una cara o, mejor, un estado mental automático; puede valer con una sonrisa ganadora en tu rostro. Si te has decidido a ir pero odias el hecho de estar allí, siempre puedes volver a casa después de media hora. Es como la versión social del gimnasio; te sentirás mucho mejor si consigues hacer el esfuerzo, sin importar lo poco que te apeteciera ir.

Una buena idea

Organiza tu propia fiesta. Las personas se motivan más cuando el interés es propio; piensa en que ellos tendrán que devolverte la invitación y así llenarás algunos huecos en tu agenda.

ORGANIZA TU TIEMPO

Asegúrate de que conoces el protocolo para cada invitación. Si se trata de una fiesta en una casa, lo más probable es que sea muy flexible; si es una fiesta sorpresa, es imprescindible que llegues puntual para estar allí antes que el invitado de honor. No llegues a una cena quince minutos tarde si no quieres que todos te miren incómodos porque has sido la causa de que se quemara el asado. Si vas sola, es razonable que no quieras ser la primera en llegar, pero tampoco llegues una hora después; puede que te encuentres completamente sola porque la gente ya se ha organizado en grupos.

ASEGÚRATE DE QUE TE VEN

¿Qué sentido tiene el esfuerzo si nadie te ve? Ve directa a saludar a quien te ha invitado (y dile adiós agradecida cuando te vayas). No estés sólo con las personas que conoces ni te escondas detrás de la pila de abrigos. Imagina que eres un tiburón: tienes que moverte o morirás.

BUENAS MANERAS

Nunca vayas con alguien a menos que te lo hayan permitido de forma expresa. Si realmente quieres ir con alguien, asegúrate de confirmar que puedes hacerlo. Responde a las invitaciones de la forma requerida. No escribas un mensaje con un simple «sí» en el caso de una boda si lo que quieren es una tarjeta de respuesta; puede resultarles difícil descubrir de quién procede la respuesta. No bebas tanto que tus anfitriones te encuentren detrás del sofá a la mañana siguiente. No insistas en que la cena se prolongue en el caso de que tengan hijos y deban levantarse temprano al día siguiente.

Otra idea más

Lee la IDEA 12, *Tener suerte y buscar la suerte*, para saber cómo estar preparada para la acción cuando surjan las oportunidades.

DEMUESTRA TU APRECIO

Nunca llegues a una celebración con las manos vacías, ni siquiera en el caso de que no hayas sido invitada directamente. Lleva al menos una botella de vino y escribe siempre unas líneas al anfitrión o haz una breve llamada para mostrar tu agradecimiento.

LIBÉRATE DE LA PRESIÓN

Tus anfitriones probablemente se encuentren algo nerviosos, así que si puedes ayudarlos a que las cosas vayan bien te estarán eternamente agradecidos. No te limites a sentarte y a mirar al vacío; preséntate y presenta a la gente que acabas de conocer entre ellos; haz preguntas: las personas adoran hablar sobre ellos mismos y te recordarán con fascinación, aunque no dijeras nada más que tu nombre antes de dejarles que comenzaran con su monólogo.

SER POPULAR NO ES LO MISMO QUE SER UNA VAMPIRESA

Seguro que esperas conocer a alguien, pero algunos acontecimientos solamente sirven para ampliar tu red social, lo que significa que conocerás a más gente a través de otras personas. Justo por eso, no es necesario que acudas a cada acontecimiento vestida como si fueras una *showgirl* de Las Vegas que sólo puede permitirse pagar la mitad del traje. Si te invitan a una fiesta de disfraces, no pienses de inmediato que es el mejor momento para ponerse el disfraz de diablesa; en ocasiones, disfrazarse de cacahuete es una mejor opción ya que la gente charlará contigo con más libertad, pensando que tienes un excelente sentido del humor, que si piensas que has ido a la fiesta en busca de un hombre.

La frase

«Un buen oyente no es sólo popular en todas partes, sino que siempre aprende algo».

WILSON MIZNER, ESCRITOR NORTEAMERICANO

¿Cuál es tu duda?

P   Ahora acudo a las fiestas del trabajo y me voy a tiempo, antes de acabar borracha con mis compañeras. ¿Impresionada?

R   *Sí. ¿Cómo te ha ido?*

P   Bueno, conocí a algunas personas que sólo iban a tomar una copa al principio, no sólo a las que iban a emborracharse hasta el final. No me escondí detrás de la imagen de la chica que tiene que estar borracha para entablar una conversación con alguien. ¿Es lo mejor?

R   *Yo creo que sí. ¿Alguna respuesta masculina?*

P   Poca, pero en cambio hice un buen contacto de negocios con otra empresa. Eso también es bueno, ¿no?

R   *Por supuesto que lo es. Un nuevo trabajo puede ser estupendo para tu autoestima; y, por supuesto, nadie sabe a quién puedes encontrarte en la máquina del agua en tu próximo lugar de trabajo...*

42

Recupera tu vida

¿Demasiado ocupada para buscar el amor? Es una queja muy común. Pero es que es muy fácil dejar que el trabajo se convierta en algo desproporcionadamente importante.

¿Tienes un problema? Aquí encontrarás algo de ayuda.

El trabajo nos proporciona una satisfacción inmediata, pero es también una necesidad financiera. A menos que vayas a quedarte en casa de tus padres, utilizando sólo vestidos hechos a mano con tela de viejas cortinas, hasta que el cartero te entregue a tu futuro marido, debes aprender a ganarte tu propio pan. E incluso entonces la realidad es que la mayoría de los hogares necesitan dos fuentes de ingresos para mantener un estándar de vida decente.

En primer lugar, debes saber cuántas cosas tienes que cambiar. También debes averiguar qué es lo que te está apretando las tuercas: ¿tienes un jefe exigente que consigue que te sientas culpable sólo por levantarte de tu silla para ir al baño y que está decidido a comprarse una casa más grande con las comisiones que le proporciona tu trabajo? ¿O es que siempre te ofreces voluntaria cuando piden ayuda con algún tema?

CUANDO EL GRAN JEFE ES UN OGRO

Si tu caso coincide con la primera de las opciones, lo que necesitas es establecer algunos límites. Antes de que entornes los ojos y dejes de leer, pensando que no tienes otra opción, tienes que dejar de ser tan derrotista. Las personas se comportan así contigo porque tú misma lo permites. Así que recupera el poder. Aprende a decir «no» y «quizás».

Una buena idea

También puedes usar tu agenda de trabajo para identificar qué parte de tus tareas te gusta en realidad, y plantearte si puedes hacer más de lo que te gusta y menos del resto. ¿Por qué no? Es más sencillo cambiar varias cosas a la vez que una por una.

Si tu jefe siempre te está pidiendo que hagas trabajo extra, contéstale diciendo que probablemente no puedas aceptar toda la carga de trabajo y preguntándole qué piensa él, como director, que podéis hacer al respecto. Incluso puedes sugerir que contratéis la ayuda de algunos colaboradores externos, aunque necesitarás armarte de valor para realizar una sugerencia de este tipo. Cuando digas «no», hazlo con una sonrisa y mantente firme. No lo hagas con el ceño fruncido, mascando tu enfado de mala manera, o te encontrarás en una situación de confrontación que no deseas. Pero, con más frecuencia de la que imaginas, en situaciones como ésta los jefes simplemente asienten y contratan a alguien más.

En cuanto al «quizás»: en ocasiones te convendrá aceptar algo de trabajo extra si es que ello te ayuda a desarrollar tus habilidades o tu gestión del tiempo, pero recuerda que debes negociar. Si la tarea encomendada te exige trabajar hasta tarde o los fines de semana, asegúrate de dejar claro que lo haces como un favor y que, a cambio, quieres salir una hora antes el viernes siguiente. Tienes que dejar de sentir que estás en deuda con ellos.

Idea 42. Recupera tu vida

CUANDO EL OGRO ERES TÚ

Sorprendentemente, y no importa cuánto te quejes, tú misma puedes ser la culpable de quedarte siempre en el trabajo hasta tarde. Quizás estás evitando el hecho de volver a una casa vacía o te has autoconvencido de que la oficina no puede funcionar sin ti. O quizás trabajas hasta tarde para ocupar el tiempo libre que te queda desde que sales hasta que quedas con tus amigos.

Otra idea más

Mira la IDEA 41, *Conviértete en la más popular*, para encontrar formas de emplear tu tiempo libre de manera efectiva.

¿QUÉ ES EL TRABAJO?

Hay investigaciones que demuestran que los trabajadores pueden llegar a perder hasta cuatro horas de su trabajo diario mandando correos electrónicos personales, organizando sus citas y colgados del teléfono. Descubre cuál es tu productividad real, no la que tú piensas que puede ser, llevando una agenda de desintoxicación (como un diario de comidas). Cada vez que te levantes de tu mesa, anota el tiempo que empleas y el tipo de actividad; e incluye todo el tiempo que le dediques a actividades personales. Una vez que lo hayas hecho durante una semana, comprueba en qué puedes ahorrar tiempo y descubre tus manías. ¿Tomas todos los días un café al mediodía? La mayoría de la gente sufre un descenso de energía a esa hora, el cual puede aumentar si se ingieren carbohidratos porque éstos inducen al sueño. Organiza las tareas que tienes que completar. Quizás ese informe te resulte mucho más fácil de escribir si lo intentas hacer durante la mañana, cuando te sientes más vital, y sea mejor dejar las fotocopias que tienes que hacer para después de comer.

Elige la hora de comer de un día de la semana para hacer todo el trabajo de mantenimiento personal como pagar facturas o comprobar tu estado de cuentas. Si te resulta muy difícil estructurar tu trabajo, pon la alarma de tu reloj cada hora, momento en el cual deberás empezar una tarea nueva.

Si sueles quedar con los amigos después del trabajo, investiga qué puedes hacer desde que sales del trabajo hasta ese momento, como ir al gimnasio o asistir a alguna clase vespertina.

La frase

«No quiero alcanzar la inmortalidad a través del trabajo. Quiero lograrla sin morirme».

WOODY ALLEN

¿Cuál es tu duda?

P Buena idea, pero mi jefe es una persona irracional que no tiene vida privada y que tampoco desea que la tengamos nosotros. ¿Cómo salgo de ésta?

R *De acuerdo, puedes hacerlo. Si puedes demostrar que has terminado tu trabajo, tienes permitido irte legalmente. Comienza a salir a tu hora y oblígate a decir adiós de forma que no parezca, ni tú sientas, que estás escabulléndote.*

P Pero, ¿qué pasa si me despide?

R *Hay mucha legislación que te respalda para que eso no te pase, pero si estás realmente preocupada, lleva un diario de las horas que trabajas y de las tareas que terminas. ¿De verdad quieres seguir año tras año trabajando de esa horrible forma? Exacto: lucha por tus derechos y recupera tu vida.*

43

La elección del anticonceptivo

De acuerdo, tener una cita no significa necesariamente que vayas a acabar retozando, pero, afrontémoslo, normalmente es lo que sucede.

Y con tantas enfermedades de transmisión sexual (ETS) rondando, necesitas adelantarte para que no te pillen con los pantalones bajados (perdón por lo explícito de la frase)...

REALIZAR UNA OPCIÓN INFORMADA

El sexo seguro incluye tres sencillas opciones de contracepción: preservativos, preservativos y preservativos. No importa cuál sea tu otra opción: sólo este método de barrera te ofrece una seguridad completa tanto para las ETS como para los embarazos. Por supuesto, puede romperse y ponerte en riesgo así que quizás quieras usar también otra opción específica contra el embarazo. Deja claro a tu nuevo pretendiente que eres como la mejor discoteca VIP de la ciudad: no puede entrar sin chaqueta. Si no puede aceptar estos términos, probablemente no se merezca la invitación.

CONÓCETE

Por supuesto, todos nosotros hemos bebido demasiado alguna vez y cometido una locura. Si te encuentras con frecuencia en esta situación (espero que no) o prefieres utilizar una protección extra contra el embarazo que te ayude a relajarte, hay métodos que cuidan de que no te quedes embarazada incluso si tú no lo haces. Esto incluye los implantes, los DIU (dispositivos intrauterinos o «espirales», como se llaman en ocasiones) y las pastillas. Sin embargo debes recordar que estos métodos te ofrecen protección contra el embarazo, no contra las enfermedades.

Una buena idea

Aunque pienses que sabes qué es lo que te funciona mejor, visita un centro de planificación familiar cuando consideres (esperemos) una solución anticonceptiva a largo plazo. Continuamente se lanzan nuevos productos al mercado y seguro que te sorprendes ante las sugerencias de los expertos, incluso si se limitan únicamente a recetarte una nueva píldora que no te hace engordar.

LARGA DURACIÓN

Una vez que habéis comenzado a consideraros una «pareja», quizás queráis dejar los preservativos. La píldora todavía es una opción tremendamente popular, con nuevas marcas en el mercado que tienen un mayor equilibrio en la cantidad de hormonas; así que, si tienes problemas con un tipo, puedes probar con otro. Otra gran solución, y menos permanente que sus hermanos los implantes, son los parches de hormonas.

¿A QUÉ DEBO TEMER?

La lista de posibles infecciones es desalentadora: VIH, herpes, candidiasis, gonorrea, clamidia, sífilis, hepatitis B... y ciertamente aterradora. Si todavía te parece algo lejano en tu caso, piensa en lo siguiente: un millón de personas en el mundo contrae una enfermedad de transmisión sexual cada día del año.

Otra idea más

Lee la IDEA 26, *Cuándo acometer la hazaña*, para decidir cuándo intimar con un nuevo hombre.

Los síntomas que pueden indicar una enfermedad de transmisión sexual incluyen irritación alrededor de los genitales o el ano, que puede concretarse en una erupción, bultos o moratones, picores, olores inusuales o flujo anormal. Si te preocupa este asunto deberías consultar al médico o visitar una clínica de salud sexual. Aunque la clínica pueda parecer una opción embarazosa, el médico no tiene por qué saber los resultados de tus análisis: así que, si tu médico de cabecera te conoce desde que tenías cinco años y juega a las cartas con tu abuelo, ésta puede ser una buena opción. Estas clínicas tratan de forma habitual con asuntos de salud sexual por lo que es poco probable que se extrañen por tu visita. Ya en la clínica, pueden examinarte de todo al mismo tiempo; sin embargo, no te harán la prueba del VIH a no ser que seas tú la que lo pidas. También podrán proporcionarte una cita con un consejero para que puedas hablar sobre cualquier temor o preocupación que albergues. Tu centro de salud te proporcionará una lista de las que hay cerca de tu casa.

¿QUÉ PASA SI LAS NOTICIAS SON MALAS?

En primer lugar, no dejes que te invada el pánico. Muchas enfermedades de transmisión sexual son fáciles de tratar y no dejan ninguna secuela. Eso sí, tendrás que hablar con tu pareja sobre lo que pasa; si estás soltera y estás teniendo relaciones de una noche, la clínica puede contactar con las personas con las que has mantenido relaciones y, por tanto, que han estado expuestas, de forma anónima si es necesario. Si tienes una relación estable, es necesario que tu pareja vaya al médico u os pasaréis la enfermedad el uno al otro indefinidamente.

La frase

«Soy demasiado tímido para expresar mis necesidades sexuales, excepto por el teléfono con gente a la que no conozco».

GARY SHANDLING, HUMORISTA NORTEAMERICANO

BUENAS COSTUMBRES

Si piensas que vas a tener la misma pareja durante un largo periodo de tiempo, quizás puedas pedirle que se haga un examen previo para quedarte tranquila. Quizás te parece horrible tener que hacerlo, pero seguro que a estas alturas ya te ha visto desnuda y con tus legañas de por la mañana, así que deberías poder hablar de este tema con él tranquilamente. Estar en riesgo de contraer, o haber contraído una ETS, es una cosa muy común y pensar que esas cosas sólo le suceden a los demás es el equivalente a creer que la luna está hecha de queso. Siempre puedes poner la excusa de que quieres acudir a un centro de planificación familiar para buscar una alternativa a los preservativos. La idea de hacerlo sin preservativo seguro que lo anima de inmediato, pero siempre dejando claro que él también tiene que examinarse.

¿Cuál es tu duda?

P Me acosté con un chico y el preservativo se rompió; ahora estoy obsesionada con la idea de que estoy embarazada. ¿Qué puedo hacer?

R *Calmarte. ¿Cuándo pasó?*

P Anoche. Es demasiado tarde ¿no?

R *No te dejes llevar por el pánico. En primer lugar, puedes tomar la píldora del día después que puede interrumpir la concepción si es que se ha llegado a producir, pero sólo tienes setenta y dos horas desde el momento del «accidente». Es importante que sepas que no siempre es efectiva y cuanto más tarde te la tomes menos posibilidades de ser efectiva tendrá, así que tómala tan pronto como puedas. Y en cuanto a las posibilidades de haber contraído una infección, debes considerar la posibilidad de hacerte algunos análisis, como el de la clamidia, que puede manifestar pocos o ningún síntoma y puede provocar la infertilidad del paciente.*

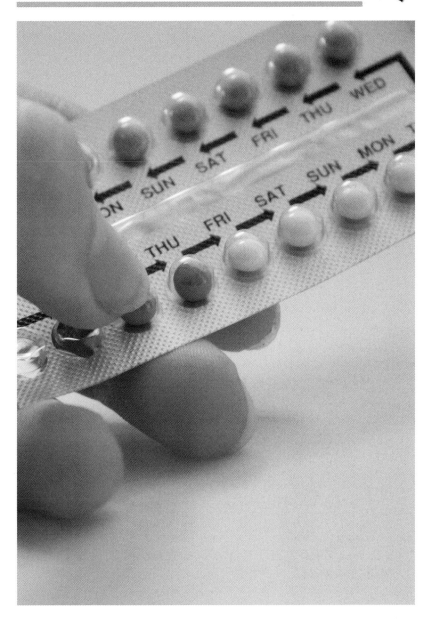

44

Sé sensual

Imagina la escena. Estás almorzando sola en un tranquilo café; levantas la mirada y ves a dos hombres en dos de las mesas cercanas. Ambos son guapos, de igual complexión y ambos te miran...

El primero, con el pelo despeinado y el cuello levantado, tiene los hombros echados hacia delante y mueve los ojos furtivamente detrás de su periódico.

El segundo está recostado en su silla con las piernas ligeramente cruzadas y el cuerpo girado hacia ti; está vestido de forma informal pero muy cuidada, espera a que lo mires y te regala una sonrisa que se despliega lentamente mientras vuelve de nuevo los ojos hacia la carta. ¿A cuál responder?

Está claro que no sabes nada de ninguno de los dos, pero el hombre que parece alegre y seguro es una opción mucho más probable que el que parece necesitar una bicicleta estática para calentarse. Y no estoy hablando de lenguaje corporal; estoy hablando de que a todos nos gustaría encontrar a alguien que enriqueciera nuestras vidas, no que la secara.

Por ello, a continuación puedes encontrar una guía para hacer que tu vida sea profundamente deseable. Que te busquen siempre es más agradable que estar necesitada.

La clave está en la posesión. Los hombres quieren eso. Quieren sentir que eres suya en alguna medida. Tu propia vida, tus amigos y unos intereses propios que un hombre pueda compartir y de los que pueda aprender. Sólo los hombres raros y los niños quieren que la mujer de su vida esté constantemente a su alrededor pensando sólo en ellos. Las personas normales necesitan un compañero que tenga algo más que darles que los bordados de sus iniciales en su camiseta interior.

Una buena idea

Sé la reina de la creatividad. Una queja común entre las mujeres es que los hombres dejan de sorprenderlas y que se les olvida pronto mimarlas y regalarles fines de semana fuera, pero ¿por qué razón no deberían esperar ellos lo mismo? Mantén la llama con nuevas ideas sobre actividades que a ambos os guste practicar (ski, badminton, montar a caballo desnudos en Perú...).

SOY ESTUPENDA, DE VERDAD

Actúa como si conocieras tu propia importancia, incluso cuando te sientas baja de moral. No te trates como si fueras una rebanada de pan duro que con suerte podrás aprovechar si la metes en la tostadora. Deja que la gente sepa que te gustas a ti misma y que te gustan tus virtudes; y esto significa dejar de una vez por todas el autodesprecio («Oh no, soy la directora general sólo porque nadie quería el empleo»).

REDES DE TRABAJO

Los amigos son una parte esencial de la vida de cualquier mujer sana. Puedes contarles las cosas con las que no quieres preocupar a tus padres, puedes preguntarles si pareces una mesa camilla y te ayudan siempre a beber/reír para que superes tus miserias. Tener amigos también sirve para que los hombres se den cuenta de que estás integrada socialmente y que puedes pedirle a alguien más aparte de él que te apoye cuando lo necesites. Nadie desea una lapa pegada veinticuatro horas al día pidiendo constantemente amor y estímulo a menos que sea como una piedra y no se inmute. O sea un poco rarito.

INTELIGENCIA FINANCIERA

Comprender qué es el dinero y cómo sacarle el mejor partido es una estupenda forma de aumentar tu confianza; también resulta una cualidad muy atractiva para el resto de la gente. Hacer el esfuerzo por entender cómo van estos asuntos es mejor que dejárselo todo a él. Te proporcionará una estupenda sensación de seguridad y bienestar: ¿no es eso el amor?

Otra idea más

Lee la IDEA 51, *Confianza real*, para encontrar formas de construir tu autoestima y de ayudarte a conseguir la vida que deseas.

VIDA HOGAREÑA

¿Sales todos los días de la semana y tienes la casa hecha un desastre? A menos que todavía seas estudiante, intentar encontrar pareja viviendo como en una pocilga no resulta muy práctico. Si cuidas un poco tu entorno, este hecho tendrá repercusión en todos los aspectos de tu vida, desde llegar antes al trabajo porque puedes encontrar las dos partes del traje o simplemente alegrarte de tener algo de tiempo para ti porque puedes tumbarte en tu agradable dormitorio con los periódicos y una taza de té.

JUEGA FUERA

No le pidas permiso para todas las cosas que quieras hacer, o acabará dando por descontada tu compañía. Sal de fin de semana con tus amigos, mantén esa noche sólo de chicas y sigue acudiendo a tu clase de yoga;

todas esas cosas influyeron en el hecho de que se fijara en ti por primera vez (especialmente las posturas de yoga) así que si las dejas ahora se preguntará qué ha sido de la mujer interesante que conoció.

La frase

«Siempre busco fuera de mí la fuerza y la confianza, pero estaba dentro. Estuvo allí todo el tiempo».

ANNA FREUD, SICOANALISTA Y PSICÓLOGA AUSTRIACA

¿Cuál es tu duda?

P Seguí tu consejo y ordené mi casa y ahora ni siquiera pienso en tener novio. ¿Está bien?

R *¡Hurra! Esos momentos suelen ser los que eligen los novios para aparecer en tu vida.*

P Bueno, creo que tiene sentido ¿no?

R *Por supuesto. Buscar a alguien que llene un vacío que tienes en tu interior puede ser un desastre para los dos; los hombres se dan cuenta y se mantienen alejados. Aprender a llenar el vacío tú misma significa que generarás energía positiva que todos los que te rodean podrán apreciar. Si eres feliz por ti misma, estarás en la situación adecuada para encontrar a Don Perfecto.*

P ¿Cómo es eso?

R *Porque sólo querrás compartir tu vida con alguien realmente importante; esos perdedores que antes esperabas que te llamaran sentada en el sofá de repente parecerán una completa pérdida de tiempo.*

P ¿Así que Don Perfecto aparecerá cuando deje de preocuparme?

R *Lo sé, resulta curioso ¿no? ¿Quién ha dicho que el universo no tiene un travieso sentido del humor?*

45

¿Es esto lo que quiero?

Bueno, la vida a veces te da una patada en la boca. Consigues lo que siempre has querido pero todavía no eres feliz.

El hombre de tus sueños por fin entra por la puerta, completamente apasionado y adorable, y de repente sientes que has perdido el interés.

Todo lo que hace, desde dejarte notas de amor en la almohada («¡Qué gasto de papel!») y sus constantes cariños («Déjame, me estás agobiando») te vuelve loca de frustración.

¿QUÉ ES LO QUE VA MAL?

Hay oportunidades, pero no muchas. La realidad es que después de haber pasado sola un tiempo puedes acostumbrarte a tu propia manera de hacer las cosas. Esto no quiere decir que te hayas convertido en una mujer salvaje que se siente más feliz con la compañía de los gatos que de los humanos, pero sí que probablemente necesites un periodo de adaptación. Esto puede resultar extraño después de haber pasado tantas noches sola que estabas considerando seriamente la posibilidad de tirarle los tejos al cartero si aceptara afeitarse la espalda y dejar de vestir colores

chillones, pero el corazón es así de juguetón. Si le has tomado el gusto a regalarte un desayuno tranquilo con café recién hecho y magdalenas caseras, puedes sentirte resentida si se fríe un huevo, lo mete entre dos rebanadas de pan de molde y sale corriendo dejando todos los cacharros grasientos sin recoger.

Una buena idea

Evita el efecto sofá a toda costa. Cuando tienes a alguien con quien compartir el tiempo, calzarte tus pantalones de correr o salir a ver a una amiga en una noche lluviosa puede parecer una locura pero, aún a riesgo de parecer tu madre, te divertirás una vez que estés allí. Sentirás una sensación de éxito cuando regreses a casa y te des cuenta de que no has pasado toda la tarde tumbada viendo una película y además tu alma se alegrará de haber nutrido la conexión con una amiga. También os dará a ti y a tu pareja un poco de tiempo para echaros de menos el uno al otro. Haz un compromiso contigo misma para mantener esa felicidad al menos una vez a la semana.

LA GRAN C

La gran C en una relación no es siempre el compromiso, sino el cambio. Tienes que educar tu voluntad para renunciar a algunas cosas buenas, además de a las malas. Adiós a la soledad, a las aburridas noches de domingo y a las Navidades con tu abuela intentando averiguar si eres lesbiana; sí, pero despídete también de tener que hacer la colada sólo una vez a la semana y de tumbarte en la cama en diagonal o de llamar a una amiga y ver una película juntas mientras habláis por teléfono. Mostrarás una resistencia natural a dejar todas esas cosas.

TODO POR MÍ MISMA

La emoción más confusa que puede surgir cuando tienes una relación es el aislamiento. Puedes sentirte desconectada ante la idea de reunirte con las chicas ante una interminable ronda de bebidas cuando antes parecía un gran plan. Esto puede ser porque tu objetivo (coquetear) y la conversación (cómo coquetear) es menos importante. Necesitas encontrar nuevas formas de jugar.

Otra idea más

Asegúrate de mantener lo que es realmente importante; lee la IDEA 44, *Sé sensual*, para saber cómo lograr una vida envidiable.

EL TELÉFONO DEJA DE SONAR

Solías pasar el tiempo esperando que él llamara y ahora estás desesperada por oír la voz de una de tus amigas proponiéndote un plan. Si has sido tú la que has dejado que las cosas se enfríen, no dudes en hacer la primera llamada. Organiza algo y prepárate para encontrar algo de resentimiento; este sentimiento puede mejorar con tus llamadas y tu pequeña fiesta de disculpa, pero no se va a desvanecer. Sé constructiva; en vez de eso, organiza una fiesta de verdad y recuérdale a todo el mundo lo divertida que eres.

El mundo no se acaba con ese hombre

Algunos cambios se deben simplemente a que estamos entrando en una nueva fase de nuestra propia vida. Puedes sentir pronto que estás preparada para el cambio, a pesar de que hayas conocido a alguien hace poco, pero puede que necesites adaptarte al compromiso. Muchas veces ocurre que cuando conocemos a alguien descargamos toda nuestra energía en esta relación, y ponemos en segundo lugar el trabajo y los amigos. Cuando salimos de la burbuja de los tres meses (ésa es la duración normal), quizás nos demos cuenta de que queremos recuperar lo que hemos dejado atrás. Naturalmente, tendrás menos tiempo disponible, así que no podrás volver a ser la niñera de tu hermana si quieres volver a reunirte con las chicas y lo mismo digo de cruzar la ciudad para reunirte con esa amiga que sólo te quiere para que escuches sus quejas sobre su marido.

La frase

«La felicidad no está en conseguir el propósito consciente de la misma; generalmente, es producto de otras actividades».

ALDOUS HUXLEY, ESCRITOR BRITÁNICO

¿Cuál es tu duda?

P Esperé años para encontrar a Don Perfecto y ahora se ha convertido en «Don No Tengo Tiempo Ahora Mismo». Al principio de salir juntos me adoraba, ahora sólo obtengo las quejas al final de su día de trabajo. ¿Qué ha ido mal?

R *No ha ido nada mal, sólo ha llegado la vida real. Esto ocurre cuando se pasa del cortejo a la normalidad; la vida real hace su aparición y con ella la gente se da cuenta de que el resto de sus sueños y ambiciones también necesitan algo de atención.*

P Entonces, ¿ahora sólo soy un mueble más?

R *Sólo si mantienes una mala actitud. ¿Quieres recuperar esas adorables charlas que teníais al principio? Cocina una buena cena, apaga la tele y sentaos a la mesa uno enfrente del otro. Después deja de hablar y comienza a preguntar: pregúntale cómo le ha ido el día o qué le apetece hacer durante el fin de semana. Muy pronto comenzará a hacerlo él contigo en respuesta (aunque probablemente te costará más de una cena). Una vez que él deje de sentirse retado o criticado, comenzará a esforzarse por volver a ti y por llegar a casa antes. Si quieres que te escuchen, predica con el ejemplo y escucha tú primero.*

46

Caída libre

Es una queja común a hombres y a mujeres: pero, afrontémoslo, principalmente *entre* las mujeres. Conoces a un hombre, tienes un par de citas...

Y antes de que te des cuenta, has viajado mentalmente a China para adoptar a una niña y estás pensando en cuánto sitio necesitará cuando se vaya a vivir contigo.

Sí, te sorprendes a ti misma enamorada como una adolescente y de repente ya no estás mirándole embobada a los ojos sino detrás de él siguiéndole el rastro mientras él se aleja de ti a toda prisa.

¿POR QUÉ SOY TAN INSENSATA?

Muchos de esos sentimientos potenciados y necesitados provienen del deseo de intimidad, cercanía y de todos los sueños que tienes sobre el futuro; pero como él es donde los descargas, es fácil suponer que si él se va, te derrumbarás por completo. Cuanto antes sepas de dónde vienen esos sentimientos, antes tendrás la oportunidad de controlarlos.

Una buena idea

Si lo pasas mal controlándote a ti misma, escribe una lista de las cosas que acabarás haciendo (cocinándole pasteles, haciendo su colada, paseando a su perro...) y, como si fueras un drogadicto, permítete sólo pequeñas dosis. Establece el límite de una cosa a la semana y no te pases de ahí.

LO QUE TÚ QUIERES NO ES SIEMPRE LO QUE ELLOS QUIEREN

Cuando conoces a alguien que te gusta, una persona con la que crees que puede haber una oportunidad seria, desearás demostrárselo de alguna forma. A ti te encantaría tener alguna señal de que él está interesado y por eso piensas que a él también le gustaría. Así que le llamas, le escribes correos electrónicos, le envías notas amorosas y le compras un regalo. De acuerdo, hasta ahí no vamos mal del todo. Pero cuando comienzas a cancelar el resto de tus planes para estar siempre disponible para él, acabas ofreciéndote para ir al tinte. Todas estas cosas constituyen un buen intento de hacer su vida más fácil, pero muy pronto la balanza se inclinará a su favor y te habrás convertido en su doncella personal.

No pasará mucho tiempo desde que empieces con esto hasta que vuestra relación se rompa, seguida de inmediato por tu autoestima. La razón es que ser tan agradable puede tener un efecto desastroso porque no has dejado al amor la oportunidad de florecer. Has cortado todo tipo de sentimiento envolviéndolo en servicios y todo el mundo necesita creer que son ellos mismos los que han elegido a sus parejas, no que han sido comprados con comida casera o halagos. Al tiempo que ellos se sientan sobrepasados, tú comenzarás sentirte tan resentida que ellos nunca podrán alcanzar tu nivel de compromiso ni de consideración.

También corremos el peligro de poner el listón demasiado alto. Si siempre cocinas para los hombres, les compras regalos y dejas que sus amigotes se tumben en tu sofá mientras les sirves un par de cervezas y ven tu televisión de pantalla plana, ¿qué vas a hacer para mejorarlo? ¿Cómo narices los tratarás cuando sea su cumpleaños? ¿Un crucero alrededor del mundo? Antes de que te des cuenta, ser la novia perfecta a tiempo completo significará que tienes que dejar tu trabajo, tus amigos y tu sensatez; y si dejas tus atenciones de golpe, creerán que te has vuelto fría…

El mayor peligro es que no seas capaz de hacer nada tranquila a no ser que cuentes con su aprobación, y nadie debe tener nunca ese poder sobre ti. También puedes darte cuenta, a medida que tus necesidades vayan aplacándose, de que ese hombre en particular sólo te gusta para una pequeña aventura y tendrás que averiguar cómo salir de una situación que tú misma has creado llena de vacías promesas.

Otra idea más

La IDEA 21, *Por qué los hombres adoran a las zorritas*, te facilita algunos consejos sobre cómo sacar a la astuta zorra que llevas dentro.

APRENDE A CALMARTE

No te preocupes. Si estás sintiendo vergüenza en este punto, date un respiro; mucha gente se ha comportado de la misma forma alguna vez en su vida. Sólo se necesita un poco de autocontrol y unos cuantos trucos mentales que te ayuden a no caer en viejos hábitos. Ahora, piensa en ti misma como en vino caro. Si le das a tu próximo hombre demasiado vino y demasiado pronto, lo emborracharás de emoción, conseguirás que se sienta inseguro sobre sus pies y que cada vez que vuelva a olerte se ponga ligeramente enfermo. Distribuye tu amoroso néctar en porciones bien medidas. Debes darle la oportunidad de que saboree cada sorbo y de que se emocione cuando piense en el siguiente. Ten en cuenta que nada de lo que sucede con demasiada facilidad parece tener valor: si quieres que te traten como una princesa, no actúes como una portera. Si no le das la oportunidad de hacer cosas bonitas por ti, no conseguirá sentirse en una nube.

La frase

«Di la verdad pero vete enseguida».

PROVERBIO ESLOVENO

¿Cuál es tu duda?

P   ¡Ahhh! Estoy horrorizada; has descrito mis cuatro anteriores relaciones y creo que es justo lo que estoy haciendo con la última. ¿Qué hago?

R   *Felicidades. Bienvenida a la tierra de la sensatez. Ahora sabes exactamente dónde te has equivocado y puedes cambiarlo. No es necesariamente demasiado tarde para tu actual pretendiente.*

P   ¿Cómo consigo hacer cosas salvajes después de haber dicho «TQ» en el primer mes?

R   *Um. Bueno, si todavía te llama, debe pensar que posees algunas cualidades por las que merece la pena arriesgarse o quizás se esté dando cuenta justo en este momento que está dentro de una buena relación. (Mantén en mente que aunque sea un buen chico quizás no te ha visto como una apuesta seria y todavía está contigo para no tener que ir él mismo a la compra). Intenta no llamarle tanto, ser la primera en acabar una conversación telefónica y, muy importante, dile que no puedes cuando te proponga la próxima cita; necesitas establecer cierta distancia.*

P   ¿Qué pasa si ya lo he perdido?

R   *Entonces hazte la solemne promesa de que es la última vez que has «sobreamado» y déjalo ir. Si te reprendes a ti misma sin sentido, te comportarás aún peor la próxima vez.*

47

Cómo atraer a cualquier objetivo

Las románticas perdidas pueden saltarse el capítulo. A menos que realmente quieran cazar a alguien especial…

Usar ciertos trucos para conseguir que alguien se interese por ti no es sólo una táctica un poco cínica. El amor real puede venir justo detrás, esto sólo te coloca en el lugar adecuado para encontrarlo.

MÍRAME

¿Qué hace que una persona se sienta más atraída hacia una que hacia otra? Todos nosotros tenemos un «tipo físico» al que respondemos, pero los estudios demuestran que también necesitamos sentir que tenemos algo en común con la otra persona. Esto es porque encuentras unida a gente que viste de forma parecida; hay un elemento tribal de reconocimiento (sí, también entre los contables) que nos hace imaginar que compartimos los mismos valores e intereses. Pero también hay otras cosas que nos unen.

Una buena idea

Las personas que están enamoradas mantienen más el contacto visual que los amigos normales. Para lograr que el objeto de tu afecto comience a sentir que quizás hay algo más entre vosotros que lo que él había notado, mantén su mirada. Cuando te tengas que girar para hablar con otra persona, asegúrate de que mantienes su mirada y después aparta los ojos despacio de él. Incluso aunque seas tú la que inicie las miradas, estás imitando las acciones de dos personas que están enamoradas y al menos conseguirás que él revolotee a tu alrededor.

TÉCNICA DEL ESPEJO

La del espejo es una técnica que ha sido observada por los psicólogos en parejas felices, de hecho, parece ser una parte esencial de su felicidad. Con frecuencia, suelen terminar las frases del otro o parecen completamente sintonizados cuando realizan alguna tarea, como cocinar juntos o hacer las tareas de la casa. La razón por las que las parejas se sienten tan bien juntas cuando esto ocurre es que ambas personas sienten que sus necesidades y deseos coinciden y, más importante, que se entienden. Las buenas noticias son que si estás intentando causar un impacto en alguien, puedes imitar esta cercanía y utilizarla para captar su atención. El buen coqueteo usa esta técnica desde el principio, en forma de lenguaje corporal sensual; tocarte la cara si él se toca la suya, inclinarse hacia delante si él lo hace... parece ser un instinto natural que podemos perder a medida que las relaciones evolucionan y nos ponemos a la defensiva. Si te sientes a la defensiva desde el primer momento, lo más probable es que no hagas «el espejo», así que deberás hacer un esfuerzo consciente.

Ahí va un ejemplo. Si te atrae alguien del trabajo y se pone a hablar mal del jefe, inclinado hacia delante y golpeando la mesa, si te echas hacia atrás haciendo el movimiento de empujar la mesa le estarás sugiriendo que no estás de acuerdo con su opinión, y puedes hacer que se sienta incómodo e incomprendido. Todo lo contrario a lo que quieres conseguir. Repite algunas frases o ideas de las que ha usado o haz comentarios del tipo

Idea 47. Cómo atraer a cualquier objetivo

«Entiendo perfectamente tu frustración» o «Realmente estoy de acuerdo con lo que estás diciendo». Esto le hará sentir a la otra persona que compartís una misma visión del mundo y que estáis unidos por un lazo común, que es algo esencial para enamorarse. Por supuesto, todos hemos experimentado alguna vez alguna conexión que después resulta ser completamente superficial, sin ningún contenido, pero a todos nos mueve ese impulso inicial.

Otra idea más

Para saber qué tipo de efecto provocas en los demás, echa un vistazo a la IDEA 11 *¿Está interesado en mí?*

TRAZAR LA LÍNEA

Pero, cuidado, hay mucha diferencia entre practicar la técnica del espejo y convertirse en una versión extraña o en una marioneta del otro. Todavía puedes mostrar tu desacuerdo con él y tomar una postura diferente ante las cosas, pero es una buena forma de permitir que alguien se sienta comprendido antes de que lleguéis a algún lugar en el que vuestras posturas sean completamente opuestas (que es algo que tiene que pasar tarde o temprano). Piensa en lo frustrada que te sentirías si llegas a casa después de una agobiante tarde de compras con tu madre y te encuentras a tu chico tumbado en el sofá ojeando un periódico: al menos te gustaría que se echara a un lado de forma que pudieras sentir que has captado su atención. Si lleváis juntos cierto tiempo y sientes que las cosas empiezan a llegar a un nivel de fricción constante entre vosotros, entonces puedes intentar retroceder y recuperar la complicidad empleando de nuevo la técnica del espejo.

La frase

«La imaginación es el principio de la creación. Imagina lo que deseas, conseguirás lo que has imaginado y por último crearás lo que deseas».

GEORGE BERNARD SHAW

¿Cuál es tu duda?

P   Todo esto suena muy bien, pero también parece un poco arriesgado. Quiero que alguien se enamore de mí porque estemos destinados a estar juntos, no porque yo haya jugado con su química cerebral, ¿no te parece?

R   *Ah, aquí tenemos a una romántica.*

P   ¿Y?

R   *¿Recuerdas tu primer amor adolescente? ¿Os sentabais en la parada de autobús y os dedicabais a miraros durante horas?*

P   Exacto. Estábamos enamorados; verdaderamente enamorados. ¿Qué quieres decir?

R   *Pero quizás también te han herido antes. Un gran problema para las personas que encuentran el amor después de los dieciséis años es la gran cantidad de miedos y de conciencia de uno mismo que deben afrontar; lo que he descrito es una vuelta a aquellos tiempos en los que no te importaba abrir tu corazón y quedar expuesta. ¿Te resulta difícil establecer contacto visual en los bares o coquetear?*

P   Un poco… De acuerdo, sí. ¿Y?

R   *Eso es porque te da vergüenza no ser correspondida, es eso lo que te da miedo. Atrévete y olvídalo por un momento; no se necesita un truco de magia y no funcionará si alguien te resulta repulsivo, pero estarás abriendo la puerta por si alguien quiere acercarse a ti. El resto, como dicen, es cuestión de química…*

48

El monstruo de ojos verdes

**¿Hay algo más espantoso que alguien que hace que
te sientas incómoda y que te odies a ti misma a causa de los
celos que siente?**

*Lo malo es que los celos pueden acabar con una relación con la rapidez de una plaga
bíblica.*

ENTENDER Y DESARMAR LA BOMBA

En primer lugar, debes averiguar qué tipo de celos son y de dónde
vienen. Si no lo haces, puedes estropear una relación incipiente por razones
completamente equivocadas. Lo peor que puedes hacer es señalar con el
dedo a la otra persona y culparla por lo que sientes (a menos, por supuesto,
que estés intentando que se vaya), así que repite conmigo: estoy loca.
Podrás empezar a controlar la situación cuando seas
capaz de reconocer que preguntar a una persona
perfectamente razonable sobre sus movimientos,
ropas, llamadas de teléfono e incluso unas palabras
intercambiadas con una camarera es un comportamiento propio de una persona que no está muy en
sus cabales.

Una buena idea

¿Está él echando leña al fuego? Algunas veces puede que tu intuición funcione y tu pareja haga serios intentos por alimentar su ego echando por tierra el tuyo al mismo tiempo. Algunas relaciones florecen con este comportamiento, otras se marchitan. Si es un problema real, afróntalo lo antes posible y si él no puede modificar su comportamiento, o tú no consigues considerarlo como una forma inocua de aumentar su autoestima, quizás necesites acabar con la relación, o te volverás loca.

SENTIRSE ENFERMA

Esta sensación comienza al principio como un presentimiento de que conoces una verdad oculta, cuando en realidad es más probable que provenga de la inseguridad, el enfado (contigo misma) y la aversión que sientes hacia ti misma por ser incapaz de controlar tus ataques de celos. Una baja autoestima, los sentimientos de inseguridad, el miedo a la vulnerabilidad o al abandono pueden ser los motivos de tu reacción. Las cicatrices de relaciones anteriores pueden haberte dejado tan convencida de que la gente miente que acabes siendo tú la que provoques el fin de tu relación.

REACCIÓN QUÍMICA

¿Cómo afecta esto a tu pareja? A veces las personas se enfadan cuando se les cuestiona, lo que una persona celosa puede interpretar como un signo de culpabilidad. También pueden sentirse heridas porque le des a entender que no son capaces de defenderse de los ataques románticos de otras personas (después de todo, se las arregló para conocerte a ti en el autobús, así que ¿por qué deberías pensar que ha perdido todas sus habilidades interpersonales desde que apareciste?). La otra persona puede comenzar a mostrarse fría porque se siente atacada y así comienza el ciclo de enfado y frustración. Deberías intentar realmente dejar de interpretar sus acciones y recordarte a ti misma que tiene su propia forma de enfrentarse a las cosas:

sólo porque sonría y diga un educado «no, gracias» cuando se le intente acercar otra mujer, cuando tú preferirías que la ignorara, no significa que esté equivocado. El hecho es que si te sientes celosa, aunque le dieran un golpe de kárate a cualquiera que intentara un coqueteo, continuarías sintiendo lo mismo.

Otra idea más

Lee la IDEA 44, *Sé sensual*, para saber cómo conseguir una vida deseable que te dé confianza y te ayude a enfrentar estos desagradables sentimientos.

CORTAR POR LO SANO

Lo primero que debes hacer es disculparte sinceramente. Si te las arreglas para completar el paso inicial, que es no nombrar en primer lugar el tema de los celos, puedes descubrir que puedes controlarte y comportarte de manera más fría; esto es sólo otra forma de castigar a la otra persona. Clava el aguijón diciendo: «Mira, perdona, he tenido unos celos completamente ridículos y me he sentido un poco rara». Eso dará a la otra persona la oportunidad de hablar sobre tus miedos sin que te sientas atacada.

Después, debes ser lo suficientemente fuerte como para ver los celos como una parte más de una relación joven; si tienes ciertos sentimientos hacia alguien, es bastante normal que te sientas posesiva y curiosa y que tengas una cierta sensación de posesión. También es más probable que te sientas más vulnerable a medida que te acerques más a alguien. Pero todavía tendrás ojos en la cara, con lo que te sorprenderás mirando a algún tipo atractivo por la calle, así como ellos te mirarán a ti. A menos que quieras vivir en una oscura caja de madera en medio del bosque, sólo vosotros dos, deberías intentar verlo de forma sana. Si lo demonizas sólo conseguirás que los dos os asustéis cada vez que tú o él salgáis a hablar con un repartidor/repartidora.

La frase

«En los celos descubres lo gracioso que piensas que tiene tu pareja».

ERICA JONG, NOVELISTA NORTEAMERICANA, *MIEDO A VOLAR*

Por último, necesitas preguntarte a ti misma cuál es el momento en que pierdes el control sobre este tema. Estos sentimientos son siempre tuyos, así que puede ser una buena idea distraerse con actividades que no tengan nada que ver con la otra persona ni con la relación.

¿Cuál es tu duda?

P Las cosas comenzaron estupendamente entre nosotros, pero ahora me siento muy celosa de mi novio con el que llevo cuatro meses. Me siento tan mal con la forma en que me estoy comportando que estoy pensando en dejarlo. ¿Puedes ayudarme?

R *¿Cuándo comenzaron los celos?*

P Hace un mes aproximadamente. ¿Y?

R *¿Se comporta de forma diferente en algún aspecto?*

P Pasa mucho tiempo en el trabajo con su compañera, una rubia muy atractiva. Pero yo normalmente no soy tan extraña ni tan insegura. ¿Qué me pasa?

R *Quizás estés experimentando un sentimiento equivocado de posesión. ¿Pasastéis cada hora que teníais libre juntos durante los primeros tres meses?*

P Sí. ¿Puede ser eso?

R *Posiblemente. Quizás te sientes descuidada y ella es una buena opción para descargar tus sentimientos; es más fácil culparla a ella que aceptar que las cosas han cambiado. Ahora que habéis vuelto a la realidad, él está prestando atención a otras prioridades de su vida, como el trabajo, lo cual puede hacerte pensar que la burbuja del amor se ha explotado. Habla con él sobre el tiempo que necesitas pasar con él; quizás sólo necesitáis pasar algo de tiempo juntos para volver a sentiros especiales.*

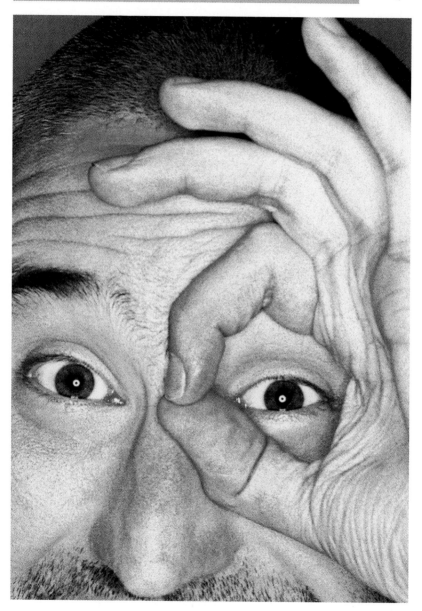

49

¿Volver es una buena idea?

A veces la libre y salvaje tierra de la soltería parece fantástica y llena de oportunidades, con un buen número de posibles amantes llamando a tu puerta.

Otras veces hace frío, sólo tú y tu gato merodeando por la cocina. Ése es justo el momento en que el más temible de los demonios de las citas puede asomar su fea cabeza: el ex.

Por supuesto, algunas relaciones tienen comienzos sólidos y se convierten en amores grandes, estables y duraderos; la fase del toma y daca del ahora nos dejamos/ahora volvemos juntos sólo conseguirá dejarte sin energía y que no seas capaz de dejarlo para encontrar otra relación que realmente tenga sentido. ¿Cómo saber a quién estás mirando?

EL EX, LO MÁS FÁCIL DE ARREGLAR

Que levante la mano quien no haya vuelto a meterse en la cama de un antiguo novio. Siempre nos decimos que podemos manejar la situación, que es sólo la tranquilidad que nos proporciona el sexo conocido, alguien con quien hablar y que entiende perfectamente tus problemas con tu madre.

Luego viene lo que ya sabes: no sois capaces de pasar una sola tarde sin una ronda de «tú hiciste…». Pero hay una gran diferencia entre practicar el sexo con un ex (lo cual siempre *tiene* un coste, nada es gratis) y una pasada relación que realmente puede recuperarse. Pregúntate por qué has vuelto al mismo sitio. ¿Quieres realmente que esa persona vuelva? ¿O sólo quieres a *alguien*? ¿Sientes mariposas en el estómago porque lo habéis pasado genial juntos o sólo te sientes halagada y emocionada porque él quiere que vuelvas?

Una buena idea

Es el momento de sacar papel y lápiz. Este ejercicio te ayudará a dejar las medias tintas; si te preocupa no ser objetiva porque eres parte implicada, dile a una amiga que te ayude, ya que ella no tendrá puestas las gafas de color de rosa y podrá decirte la verdad. ¿Te hace feliz esa relación? ¿Cuáles son las cosas buenas y las malas? ¿Qué podrías haber hecho mejor? ¿Por qué rompisteis (ser demasiado joven resulta muy diferente en el caso de abusos físicos)? ¿Cómo te gustaría que fuera tu relación si comenzara de nuevo? ¿Estás tú, o él, dispuesta a trabajar en las cosas que no funcionan para que todo mejore?

NO TE RECUERDO

El mayor problema de volver a una relación es que lo haces porque la ves como algo seguro (aunque también puede ser algo bueno). Quizás has superado el resentimiento, olvidado los golpes a tu confianza que sus constantes ofensas te causaban o no recuerdas cómo solía burlarse de tu peso. Has omitido todo lo malo y ahora muestra su mejor cara, que no la real. Otra de las cosas que asustan es que tu ex te conoce bien, así que puede ser consciente de que diciéndote lo guapa que estás con ese vestido (algo que hubieras matado por oír la primera vez que estuvisteis juntos) es una buena forma de meterte en el bolsillo. Quizás te engañes pensando que es tu alma gemela: error. Sólo sabe cuáles son tus puntos clave y cuándo utilizarlos. Esto es más un encanto ofensivo que una ofensiva de encantos.

Idea 49. ¿Volver es una buena idea?

Otra idea más

Echa un vistazo a la IDEA 14, *Dale al pasado el lugar que le corresponde*, para saber cómo ponerte a salvo.

NO PODÍAS SABER LO QUE AHORA SABES

En este momento, debes estar caminando por la habitación presa de un pánico total, preguntándote si tu ex está intentando jugar con tu cuerpo o con tu mente.Relájate. Hay dos elementos vitales a tu favor cuando consideras la posibilidad de volver con tu ex. El primero es que no podías saber lo que sabes ahora, lo que significa que estás en un lugar mucho mejor y mejor informado del que estabas antes: la anticipación es tu arma. (Y si te preocupa que te engañe de nuevo, ciérrale la puerta en las narices: a menos que sea un mago, es algo que no debería preocuparte). En segundo lugar, tú tienes el poder: si alguien quiere que vuelvas, estás en posición de hacerle preguntas para averiguar sus intenciones y su comportamiento. Si le preguntas si aún piensa que pasar cuatro noches a la semana en el bar con sus amigos es razonable (y tú no lo tienes claro) e intenta convencerte de que estás siendo posesiva, di un educado no gracias; si realmente te quiere estará esperando —voluntariosamente— resolver las cuestiones que provocaron vuestra ruptura. Quizás te encuentres un poco rara haciendo la pregunta, pero sin comunicación lo vuestro no irá a ninguna parte. Si no lo manejas bien, acabará hiriéndote de nuevo y de forma más dolorosa porque encima estarás enfadada *contigo misma* por haber vuelto a caer en la trampa.

La frase

«Aquellos que no recuerdan el pasado están condenados a repetirlo».

GEORGE SANTAYANA, FILÓSOFO

¿Cuál es tu duda?

P Me siento fatal. Mi ex me llama y siempre está rondando. Dice que quiere que vuelva, pero nada parece haber cambiado. ¿Qué puedo hacer?

R *Querida, sólo quiere molestar un poco. La próxima vez que llame dile que podéis quedar para tomar un café y así descubrirás si está dispuesto a tener una cita no sexual contigo, manteniendo la ropa puesta, y establecer las normas de la futura relación. Si rechaza la idea estarás segura de que no quiere volver: ya tiene su pastel, se lo está comiendo y no está dispuesto a pagar por él.*

P Pero entonces estoy completamente sola ¿no?

R *Bueno, si ésa es la razón que te empuja hasta él, es una mala razón; necesitas sobreponerte al miedo y construir una vida de soltera que te llene. Así, cuando te llame a las once de la noche de un viernes, el teléfono sonará y sonará y no habrá nadie para responderle. ¿Qué tiene esto de bueno? La venganza y el respeto por una misma.*

50

Crear un nido de amor

Pasamos una tercera parte de nuestra vida en la cama y, si tenemos suerte, podremos compartir una agradable porción de ese tiempo con alguien más.

Pero las oportunidades de que eso ocurra se ven drásticamente reducidas si cuando llega a casa lo que encuentra es estropeado colchón en el suelo con un edredón mugriento y rodeado de un montón de cajas de pizza.

Por todos los santos, piensa un poco con la cabeza y haz de tu dormitorio un lugar agradable.

MONTAR LA ESCENA

Antes siquiera de que miremos al protagonista principal (que es la cama…) necesitamos crear un refugio tranquilo y calmado. Un dormitorio, siempre que el espacio lo permita, debe ser únicamente para dormir, descansar y

tener romances. Todo el resto de actividades como ver la televisión, jugar con la consola (te sorprenderías) y el trabajo debe llevarse a otro sitio. Los armarios y cómodas rebosantes también añadirán una sensación de caos y te recordarán que no has planchado; si puedes, mantén tu ropa fuera del lugar de dormir pero, si eso no es posible, al menos asegúrate de que almacenas toda tu ropa de otra temporada (por ejemplo, la ropa de invierno durante el verano) fuera de la vista, de forma que tengas menos cosas que arreglar.

Una buena idea

Dormir es un relajante natural del estrés y si te aseguras de dormir al menos seis horas y media cada noche te sentirás más calmado, más feliz y más capaz de enfrentarte con el estrés emocional. La hormona que nos dice que estamos preparados para dormir, la serotonina, se libera a medida que empieza a oscurecer y va diciendo a nuestros cuerpos que necesitan irse a dormir. Incluso la luz roja que señala la posición de *stand-by* de tu televisor puede interferir en este mecanismo, así que baja la tapa y consigue unas buenas cortinas que mantengan alejadas las luces de la calle: el efecto en la calidad de tu sueño será impactante. Si no te gusta mucho el hecho de andar, hazte con un despertador luminoso que imite el efecto del amanecer de manera que te vaya despertando gradualmente y tú te encuentres de mejor humor.

Cuando elijas un color para decorar tu habitación, evita todo lo que sea sobreestimulante como un rojo o naranja brillante, que son estupendos para despertar la mente en el lugar de trabajo pero que son un completo desastre para devolverte la calma después de un día agitado. Piensa en colores relajantes como un blanco amarillento (no basado en el azul, porque puede resultar un color frío que nos recuerde a un hospital), un moca suave o un dulce y pálido violeta. Asegúrate de que te deshaces del exceso de cajitas, joyeros y decoración que haya en las superficies; el desorden que pueden provocar se une a la sensación de caos y, francamente señoras, si lleváis a un noviete a casa querréis parecer organizadas y tranquilas, no neuróticas y estresadas que viven como si fueran adolescentes.

CONSEGUIR LAS HERRAMIENTAS APROPIADAS

Ahora que has conseguido el talante correcto, puedes dirigir tu mirada hacia la cama. La regla es: gástate tanto como te puedas permitir. No sólo porque una cama buena te durará más tiempo, sino porque los beneficios de una buena noche de sueño en nuestro bienestar general y productividad nos compensarán con toda seguridad. Las fibras naturales son la mejor opción; ellas regulan la temperatura corporal, mantiene la humedad alejada de la piel (en el caso de que tus actividades nocturnas te hagan sudar un poco) y duran bastante más que los de fibras artificiales. La versión más lujosa de edredón es aquella que está hecha con plumas de ganso siberiano (que dura entre diez y quince años), pero cualquier edredón de plumas puede proporcionar gran confort (y un excelente soporte en las almohadas).

Otra idea más

Ve a la IDEA 26, *Cuando acometer la hazaña*, para decidir cuándo puedes llevar a tu objetivo directamente al dormitorio.

Una vez hecho esto, está el dilema de qué ponerte tú encima, además de otra persona… A pesar del mito de que el satén negro tiene unas maravillosas cualidades afrodisíacas (si te las arreglas para no resbalarte en esas sábanas de satén negro), el lino es el material más suave y agradable para la piel. Cuando vayas a comprarlas a esa tienda de lujo, fíjate en el número de hilos: cuando más fino sea el tejido, más suave será para la piel.

Si tienes un alma sensible y algunas alergias debes comprar siempre material anti-alergénico, asegurarte de utilizar el detergente adecuado y llevar tu edredón y almohada al tinte con frecuencia para librarte de las más pequeñas partículas de polvo. Las cortinas, cabeceros de tela y alfombras pueden causar los mismos problemas, así que préstales también el mismo cuidado.

HAZ UN POCO DE SITIO PARA LAS ACROBACIAS

Cuando estás buscando una cama para comprar, ten en cuenta que nos movemos unas seis veces durante la noche (y eso es sólo cuando dormimos) y una cama para una sola persona sólo te da noventa centímetros de espacio. Si quieres sumergirte en una noche de pasión decente, lánzate a una cama supergrande, la cual te ofrecerá mucho más sitio para jugar...

La frase

«La pasión es lo que mueve al mundo. El amor es lo que hace que sea un lugar más seguro».

ICE T., RAPERO NORTEAMERICANO

¿Cuál es tu duda?

P Sí, sí, todo eso está muy bien pero soy una mujer trabajadora con muchas más cosas que hacer que ahuecar almohadas y tratar de conseguir que mi dormitorio se parezca al de las revistas. ¿Qué te parece?

R *Bueno, no me gusta tu actitud pero entiendo tu punto de vista; es mejor admitir que eres una vaga y cambiar de tema.*

P Muy divertido. ¿Tienes algún truco rápido o no?

R *Compra un cama de esas que tienen debajo cajones para almacenar cosas; de esa forma, si has creado si tienes un caos de cosas alrededor, podrás arreglarlo metiéndolo todo ahí de momento y arreglándolo cuando dispongas de un poco más de tiempo. En segundo lugar, compra sábanas de algodón tratado de las que no necesitan plancha; una cama arrugada puede parecer sucia aunque esté completamente limpia. Consigue un ambientador o unas velas olorosas para crear ambiente; el sentido del olfato es increíblemente evocador y puede ayudarte en la seducción. Y pon una lámpara de poco voltaje al lado de la cama; todas las cosas (y las personas) tienen mejor aspecto cuando hay poca iluminación.*

51

Confianza real

Con frecuencia las mujeres llevan consigo a su peor enemigo: la falta de confianza. Podemos crearnos expectativas poco realistas y después utilizarlas para reprendernos a nosotras mismas cuando las cosas no van demasiado bien...

¿Puedes imaginar de lo que seríamos capaces si utilizáramos toda esa energía para ser buenas con nosotras mismas?

¿QUÉ ES LA CONFIANZA EN UNA MISMA Y POR QUÉ NO TENEMOS NINGUNA?

Las personas con amor propio confían en sus propias habilidades, talentos e instintos y actúan como si tuvieran el control de lo que sucede en sus vidas. Esto no significa que se consideren invencibles o perfectas, pero sí poseen un sentimiento de éxito y autoestima. Si no pueden lograr uno de sus propósitos, no pierden la perspectiva ni se sienten inútiles, lo cual es habitual en aquellos que carecen de confianza. Y por eso mismo las personas faltas de confianza en ellas mismas se sienten incapaces de intentar cosas nuevas o de hacer planes: el miedo de despertar estos desagradables sentimientos en demasiado grande.

A veces, cuando una persona ha sido excesivamente criticada en la infancia, se ha visto sometida a burlas en el colegio o incluso ha vivido algún acontecimiento dramático, la confianza en sí misma puede verse minada, lo cual no tiene nada que ver con sus habilidades ni con lo que es en realidad. Podemos comenzar a mirar a los demás buscando aprobación y estima, consiguiendo así que nuestro centro sea inestable y tembloroso y dependiendo completamente de la opinión de los demás. Todo el mundo tiene una amiga que necesita atención constante por parte de los hombres o que dedica todo el crédito de su tarjeta a comprar ropa nueva; éstos son clásicos ejemplos de alguien que «trata» de lograr la confianza del exterior.

Una buena idea

La próxima vez, pregúntate a ti misma quién podrías ser sin ese sentimiento e imagina cómo de diferentes serían las cosas; es una buena forma de acabar con estos mitos. Así que si piensas: «¿Cómo me encontraría si voy al baño cuando me apetece?» podrías encontrar que la respuesta es «Alguien que no salta descontroladamente a la pata coja como si estuviera poseída». Es una estupenda forma de darse cuenta de lo divertidos que son algunos miedos y de que la risa es el mejor antídoto para ellos.

CONSIGUE EL ASIENTO DEL CONDUCTOR

La forma principal que tenemos de atacar nuestra propia confianza es «coleccionar hechos» que implican una idea negativa, como por ejemplo «Soy tan estúpida. He suspendido el examen de conducir igual que suspendí la asignatura de hogar en el colegio». ¿Hola? Por favor, ¡tenías doce años! ¿Qué pasa con todas las cosas en las que has tenido éxito desde entonces? Los sentimientos no siempre son verdaderos. Podemos pensar que un cierto sentimiento encierra una verdad, pero sentirse poco atractivo y ser poco atractivo son dos cosas completamente distintas; necesitas aprender a apreciar que ciertos sentimientos son sólo miedos y no pepitas de oro de realidad.

Otro gran destructor de la confianza es el «síndrome del perfeccionista», esa idea de que si no somos los mejores no merece la pena ni siquiera intentarlo. ¿Los mejores en qué? ¿En todo? Un atleta olímpico puede ser el mejor en el salto de longitud pero quizás no sabe bailar, ¿quiere eso decir que su medalla de oro no cuenta para nada? Las personas con confianza saben tomar los éxitos y los fracasos con la debida perspectiva, como dos caras de la misma moneda. No hay nada más encantador que una persona que admite con una sonrisa que una determinada tarea no es su fuerte.

Otra idea más

Consulta la IDEA 37, *Superar los días malos*, para obtener algunos consejos sobre qué puedes hacer para aumentar tu confianza.

¡PERDEDORES A TIEMPO COMPLETO!

Bueno, aquí tenemos algunas de las cosas más comunes que nos decimos a nosotras mismas por las que no les gustamos a los hombres; las cosas en las que somos inflexibles. Esto no está pensado para hacer que te sonrojes sino para mostrarte que la confianza sólo consiste en darte a ti misma la oportunidad de desmentirte a ti misma y de poner un poco de alegría en tu forma de pensar.

- *A los hombres les gustan las mujeres llamativas y sexy.* Verdad. A algunos hombres les encantan las mujeres alegres. Pero algunas de estas mujeres llamativas son sumideros de búsqueda de atención: y esto no es lo mismo que la confianza. Algunas mujeres más tranquilas rebosan confianza y no sienten ninguna urgencia de gritar y demandar la atención de todas las personas presentes en la habitación. Así que olvídate de ellas y comienza a prestar atención a tus propios recursos.

- *Tengo que estar estupenda todo el tiempo.* ¿De acuerdo con quién? La mayoría de los hombres, por no decir todos, no practican en absoluto la autocrítica. ¿Crees que se paran a pensar por un momento en que su michelín fofo les afecta en algo como dioses del amor? Si intentas estar perfecta todo el tiempo, le harás creer que eres una especie de androide que no duerme. Terrorífico.

■ *Soy un poco excéntrica.* Pues le gustarás o no tal y como eres. Todos tenemos nuestros pequeños hábitos extraños como escuchar la *Overture 1812* mientras nos depilamos las piernas (ya que para algunas de nosotras es una auténtica batalla, ¿no?). Nos hace diferentes de los demás y mucho más accesibles. No te esfuerces por ser como él quiere que seas. No merece la pena.

■ *Yo no hago pis.* Cuando sentimos que hemos perdido el control, intentamos recuperarlo por todos los medios. Así que decidimos que si comenzamos por controlar ciertos aspectos de nuestras vidas seremos capaces de controlar la relación. La inseguridad proviene del miedo a ser rechazado así que comenzamos a eliminar todo lo que puede hacer que él se aleje y terminamos pretendiendo que no hacemos pis, como si fuéramos la muñeca Barbie. Créeme, él hará lo que quiera cuando quiera; transformarte en un paquete con lazo sólo conseguirá agotaros a los dos.

La frase

«¡Cree en ti mismo! ¡Ten fe en tus habilidades! Sin una humilde pero razonable confianza en tu propio poder nunca podrás tener éxito ni ser feliz».

NORMAN VINCENT PEALE, ESCRITOR NORTEAMERICANO

¿Cuál es tu duda?

P De acuerdo… Creía que tenía mucha confianza hasta que me di cuenta de que no hacía pis. ¿Significa eso que no la tengo?

R *Eso está bien. Todos tenemos áreas de confianza que necesitan una pequeña revisión. La confianza real se basa en la realidad: justo porque sabes que eres excepcional en tu trabajo no significa que vayas a ser también una excelente esquiadora, ¿no?*

P Exacto. Yo creo que en general estoy bastante bien, así que ¿por qué finjo que no necesito hacer pis?

R *Porque conocer a alguien nuevo puede hacer que reaparezcan un montón de inseguridades que necesitan ser cuestionadas y después arrojadas de nuestro lado. La próxima vez que te ocurra, ríete de tu ridículo viejo yo y después arrójalo por el inodoro.*

52

¿Lo hemos conseguido?

¿Príncipe encantado? Compruébalo. ¿Flores y corazones? Compruébalo. ¿Canciones de amor de la radio? Compruébalo. ¿Te sientes bien con todas estas cosas sentimentaloides? Compruébalo.

Todo parece tal y como debería ser, pero ¿tiene sentido?

¿QUÉ ES ESO A LO QUE LOS HUMANOS LLAMAN AMOR?

Bueno, imagina que encuentras a un extraterrestre en tu armario y que tienes que darle un curso básico sobre el planeta Tierra. ¿Cómo explicarías esa extraña y maravillosa cosa a la que llamamos amor? En primer lugar, deberías decir que dos individuos se sienten atraídos el uno por el otro; descubren que tienen algunas cosas en común y otras no; les gusta pasar algo de tiempo juntos y descubren que sienten felicidad y deseo cuando están juntos. Si todo va bien, terminarán enamorados. Justo en este punto el extraterrestre lo confundirá con la locura.

Cuando estás enamorado, piensas en la otra persona durante todo el tiempo, temes que no te vuelva a llamar nunca, e imaginas que es el individuo más agradable y divertido que hay sobre la faz de la tierra. Después, cuando el amor real entra en juego (una mezcla química menos explosiva pero con más sustancia), comienzas a pensar a largo plazo y a querer modificar toda tu vida para que la otra persona encaje en ella y quieres lo mejor para él y para su bienestar: hasta el punto en que dependes de ello.

Una buena idea

¿Crees que ha llegado el momento de dar un paso más? Asegúrate de que cuando digas «te quiero» lo haces de la mejor forma posible, y no sólo porque haya compartido contigo la mitad de su hamburguesa de queso. Recuerda que una vez que lo has dicho no hay vuelta atrás.

PERO, ¿REALMENTE HEMOS LLEGADO HASTA ALLÍ?

Puede suceder, por supuesto, que tengas en la punta de la lengua esa palabra que empieza por «A» pero antes de dejarla salir te gustaría saber si es recíproco. Es una actitud sabia porque decirlo demasiado pronto puede asustar a tu pareja y hacer que huya. Unas cuantas pistas te ayudarán a saber si estás en el camino correcto (pero no te preocupes, tampoco deben darse todas y cada una de ellas).

Es más probable que la otra persona te quiera si:

- Siempre espera que paséis los fines de semana juntos.
- Comparte los planes contigo y espera que los apruebes.
- Quiere que conozcas a su madre, a su padre, a su familia cercana, a su gato, a su pez tropical, a su hamster…
- Da por supuesto que pasaréis las vacaciones juntos.
- Recuerda cuál es tu chocolatina favorita y te trae una cuando sale a comprar los periódicos del domingo.
- Siempre acierta con los regalos que te hace.
- Le gusta invitarte a cenas agradables o librarte de cocinar encargando comida por teléfono.
- Te da un masaje en los pies y no espera sexo a cambio.

Idea 52. ¿Lo hemos conseguido?

Otra idea más

Lee la IDEA 46, *Caída libre*, para asegurarte de que estás sintiendo lo correcto y por las razones adecuadas.

- Te prepara un baño cuando sabe que has tenido un día duro.

- Sabe cuándo «estás a dieta» (y no menciona si te lo saltas).

- Negocia qué película vais a ver.

- Te deja elegir el lado de la cama que prefieres.

- Es tu mejor amigo.

- Te invita en verano a la boda de un amigo íntimo, aunque no se celebrará hasta diciembre.

- Cruza la ciudad para estar contigo cuando estás enferma y busca una farmacia que esté abierta las veinticuatro horas.

- Duerme mejor cuando pasa la noche contigo.

- Habla de dinero contigo sin tapujos y sabes cuánto gana.

- Se organiza para tener oportunidad de verte.

- Te deja espacio en su armario del cuarto de baño.

- Va a recogerte al aeropuerto.

- No le importa que el día de San Valentín se haya vuelto tan comercial y lo celebra de igual forma.

- Te acompaña a comprar un vestido especial (pero no se lo pidas a nadie con excesiva frecuencia porque es un gran favor).

- No parece aterrado cuando hablas del futuro.

- Piensa que estás más guapa cuando no llevas maquillaje.

Si alguien dice cosas como «Cada día me gustas más» o «Me encanta la forma en que haces eso», están preparando el terreno para que esa gran palabra que empieza por «A» tenga espacio para aterrizar. Si es el tipo de persona para la que incluso pedir una bebida en un bar resulta estresante, quizás se sienta sobrepasado y espera que tú hagas algo en cuanto él lo diga; pero no debes esperar que nadie funcione a tu misma velocidad. Si no conoces a alguien lo suficiente como para saber si decir «Te quiero» para él es el equivalente a elegir los nombres de vuestros futuros bebés, entonces no estáis preparados para pasar a otro nivel.

No le cuentes que te estás sintiendo insegura sobre sus sentimientos. Si todavía no son recíprocos, puede pensar que sólo buscas casarte y en vez de pasar a otro nivel, lo único que estarás consiguiendo es bajar al nivel cero de golpe. Debes estar preparada para una respuesta como una risa o un silencio; simplemente, siéntete orgullosa de ser sincera y espera. ¡Ya sé que es fácil de decir pero complicado de hacer! Pero no digo esto en vano. El único «Te quiero» que importa de verdad es aquel que se dice libremente. Así que libera a ambos de esa presión.

La frase

«Si haces castillos en el aire, debes estar preparado para perderlos, que es lo que pasará. Después de eso, pon los cimientos de verdad y empieza de nuevo».

HENRY DAVID THOREAU

¿Cuál es tu duda?

P ¡Ahhhhhh! ¡Lo he hecho todo mal! Se me escapó y desde entonces no ha vuelto a llamar. ¿Qué hago ahora?

R *De acuerdo. ¿Estabais haciendo el amor?*

P Oh, por qué fingir que tengo algo de dignidad. Sí, lo estábamos, ¿y?

R *Está bien. Envíale un correo electrónico o llámale y hazle una broma sobre el asunto. Admite que estás un poco cortada y que lo que querías decir es que «adorabas ese orgasmo». Un poco de adulación ayudará a que las cosas vuelvan a la normalidad.*

P ¿Qué pasa si no quiere volver a verme?

R *Buena pregunta. Todos cometemos errores y nos vamos de la lengua muchas veces. Si no te ayuda a sentirte menos agobiada por lo que dijiste, no es el hombre adecuado para ti en absoluto. Olvídalo.*

¿Dónde está?

abatimiento, escapar del, 157–160
actividades de padres solteros, 84
alcohol, 89–92
    como droga en las citas, 94
amigas/os, 173–176
    citas a ciegas, 63–66
    con tu ex, 56
    el deseo de los hombres de, 101-102
    en las reuniones de citas rápidas, 40
    encontrar tiempo para, 173–176, 198
    ex como mejores colegas, 169–170
    juzgar a los hombres por sus, 114
    quedar con sus ex, 73–76
    vacaciones con, 145, 174-175
    vivir el sexo con, 194
amor, 229–232
    caer demasiado rápido, 201–204
    contacto visual, 46, 206
    de un ex, 27
    declararse, 230, 231–232
    declararse demasiado pronto, 36, 204, 232
    el deseo de los hombres de, 101-102
    electrónico, 17–20
    hacia una persona imperfecta, 8
    irresistible, 45
    remedio para, 4
    romper en vez de, 100
    y esperanza, 12
apoyo, deseo de los hombres de, 103

cacahuete, vestirse como un, 180
caja de los novios, mantenerla vacía, 51–54
celos,
    los de tu amiga, 176
    tus, 209–212
cibercitas, 17–20, 95
citas a ciegas, 11, 63–66
citas por Internet, 17–20, 95
citas rápidas, 39–42, 91, 140
clamidia, 190
club nocturno para solteros, 41
compañeros, citas con, 163–166
condones, 145, 187, 188, 190
    rotos, 190
confianza, 223–226
    cibercitas para aumentar la confianza, 17
    citarse para aumentarla, 3
    inteligencia financiera, 195

minada por un rechazo, 141
vivir la vida al máximo, 54
y asumir riesgos, 49, 140-141
consideración, el deseo de los hombres
de, 104
contacto visual, 46, 49, 206
malinterpretado como una señal
de, 46
con la persona equivocada, 61
contracepción, 145, 187–190
conversación,
alimentada por el alcohol, 89
citas rápidas, 40, 41
coqueteo, 15
demasiada, 21–24
durante las malas rachas de la
relación, 99-100
coqueteo,
aprender cómo, 13–16
cibercitas, 17, 19
citas rápidas, 41
fobia al, 16
técnica del espejo, 206
cumpleaños, 154

danza de la 'muerte de la relación', 57
desafío, el deseo de los hombres de,
103-104
deseo, de los hombres, 101–102
día de los enamorados, 151–152
días de fiesta, 153–154
días malos, superar, 157–160
diferencias de edad, 121–124
dinero, 131–134
chicos de juguete, chicos jóvenes,
121
mención desafortunada del, 62

pagar la cuenta a medias, 95, 131–
132
tipo llorón, 114
tu control sobre, 195
tu falta de control sobre, 147–148
disponibilidad, 51–54
divorciados, 77–80
dormir, 220
acrobacias durante, 221-222
drogas, uso en las violaciones de las, 94

ejercicio, 158
el dormitorio y la cama, 219–222
enfermedades de transmisión sexual,
145, 187–190
escuchar, 22, 179
espacio, deseo de los hombres de, 104
espejo, 44, 206–207
ex,
de él, 23, 26–28, 61, 113, 167–171
de otras personas, 73–76
divorciado, 79, 82
quedar con tu, 215–218
sexo con tu, 137, 215–216
tu, 53, 55–58, 82, 137, 215–218
ex como mejores colegas, 169
ex desesperados, 169
ex ñoñas, 167–168

familia, encontrarse con la, 125–128
fanáticos del control, 112, 114
fantasías,
realizadas, 157
sus, 7
tu ex, 57
tus, 5-6, 12
fantasías de cuentos de hadas,
suyas, 7
tuyas, 5, 12

Índice

felicidad, el deseo de los hombres de, 102

fiestas cerradas, 74

formas de entender el tiempo, mujeres *versus* hombres, 30

habilidades sociales, 177-180
    y suerte, 48-49

higiene personal, 59

hombres casados, 111-112

hombres con la crisis de la mediana edad, 123

hombres de juguete, 121-122, 124

hombres inapropiados, 35-38, 111-114

implantes, contraceptivos, 188

lenguaje corporal, 2
    contacto visual, 46, 206
    el tuyo, 46, 49
    enmascarado por el alcohol, 89
    su, 43-45
    técnica del espejo, 44, 206-207

llorica, 148-149

mecánica del amor, 25-28

medio novios, 53

misterio, 16

Navidad, 152-153

niños,
    sus, 83, 123, 124
    tus, 81-84, 124

'no definitivo', 35-38

parches de hormonas, 188

pastilla del día después, 190

pastillas anticonceptivas, 188

Pitt, Brad, 80

popularidad, 177-180

psicópatas, 147-150

pudrirse en el sofá, 198

puntualidad en las citas, 60

rechazo, superar, 139-142

reciclar a los ex, 73-76

relaciones de transición,
    para él, 113
    para ti, 58

romances en la oficina, 163-166

ropa, 69-72
    Brad Pitt con falda de cuero, 80
    pantalones de sábado noche y pantalones de miércoles, 125
    para citas rápidas, 40
    reconocimiento de la tribu, 205

rupturas, 135
    con chicos buenos, 135-137, 138
    con chicos malos, 137-138
    danza de la 'muerte de la relación', 57
    manejar los rechazos, 139-142
    señales de inminencia, 97-100

seguridad, 93-96
    cibercitas, 19-20
    citas rápidas, 40
    y alcohol, 91

sensatez, deseo de los hombres por, 103

señales de alarma,
    en los hombres, 59-62, 111-114, 117-120
    sobre las malas rachas en una relación, 98, 99-100

Señora Adiós, 149-150

sexo,
    chicos de juguete, jóvenes, 121-122
    con un ex, 137, 215-218
    contracepción, 145, 187-190
    cuando practicarlo, 107-110
    de mantenimiento, 53, 79, 90
    después del divorcio, 78-79
    dormitorio, 219-222
    en vacaciones, 144-145, 174
    entre mantis religiosas, 13
    juguetes, 78-79
    mantener a los niños lejos de la escena del, 82
    palabra que empieza por «A», 230
    murmurada durante el, 232
    seguro, 145, 187-190
    y coqueteo, 13
    y tasa de alcohol, 90
síndrome perfeccionista, 224
suerte, 47-50

técnica de la visualización, 5, 6
teléfonos,
    el uso de los hombres de los, 30-32
    interrupciones constantes durante una cita, 61
    malas rachas de la relación, 99

    medidas de seguridad, 94, 95
    mensajeadores, 119-120
    regla de la única llamada, 146
    y amigas, 199
tipo «corazón roto», 113
tipo dominador, 112, 114
tipo pedigüeño, 117-118
tipo profundo, 118-119
tipo trepador, 119
tipo zalamero, 113
trabajo,
    divorciados, 77-78
    equilibrado con la vida social, 183-186
    quedar con compañeros, 163-166
transferencia, 26

vacaciones, 143-146
    con amigas, 145, 175
    padres solteros, 84
    reservar, 158
vivir sexy, 193-196

zorras, 85-88
    como ex, 168, 171